WIRTSHAUSSAGEN ZWISCHEN ALPEN UND DONAU

KARL-HEINZ HUMMEL ist Autor mehrerer Bücher und schreibt seit Jahrzehnten Lied- und Kabaretttexte (für *Kabarest* und Simone Solga) sowie Libretti (Opernfassung *Der Brandner Kaspar* und *Der Kaiser im Rottal*). 2018 wurde er mit dem Ernst-Hoferichter-Preis ausgezeichnet. Zuletzt erschienen von Karl-Heinz Hummel im Allitera Verlag *Obacht Weihnacht!* (2018) und in der Reihe *Sagenumwobenes Bayern* die Bände *Raunachtssagen aus Bayern und Tirol*, *Wassersagen aus Bayern* und *Wirtshaussagen zwischen Alpen und Donau* (2019).

BERND WIEDEMANN illustriert als freiberuflicher Grafiker ausdrucksstark und dynamisch. Der studierte Diplomkommunikationsdesigner ist Dozent für Illustration an diversen Instituten, Vorsitzender des Kunstvereins Gauting e. V. und Günther-Klinge-Preisträger.

KARL-HEINZ HUMMEL

WIRTSHAUSSAGEN
ZWISCHEN ALPEN UND DONAU

Mit Illustrationen von Bernd Wiedemann

Allitera Verlag

Informationen über den Verlag und sein Programm unter:
www.allitera.de

Band 3 der Buchreihe

Allitera Verlag
Ein Verlag der Buch&media GmbH, München
© April 2019 Buch&media GmbH, München
Illustration: Bernd Wiedemann
Umschlaggestaltung: Franziska Gumpp
Satz & Layout: Johanna Conrad
Gesetzt aus der Adobe Caslon Pro und der Dax
ISBN: 978-3-96233-103-0
Printed in Europe

Allitera Verlag
Merianstraße 24 · 80637 München
info@allitera.de · www.allitera.de

INHALT

Grandl, Grandlmandl, Grandlweiberl 9

Zum Geisterwirt 19
Der Rumplerwirt 20
Der Weihizer 23
Die heimkehrenden Musikanten 25
Das »Teufelstanzl« 32

Wirtshaus & Spiel 34
Die Hazardspieler 37
As Betbüache vom Teifi 39
Das goldene Kegelspiel von Krungl 42
Schafkopfsprüch 44

Mord & Totschlag 46
Die Mordhütte 49
Die drei Kohlenbrenner vom Daxstein 51
Der »Fischerwirt« am Münchner Viktualienmarkt 52

Betrügen & Bescheißen 54
Schankkellner 57
Bestrafter Geiz 58
Der »Donisl« oder »Mir hams ins Bier an Rausch neido!« 59
Überladen 62
Marterlspruch 63

Raufen & Rausch 64
Der geschwätzige Oberkofler 67
Vom Recht aufs Raufen 69
Der Säufer im Himmel 71
Zen oder die Langsamkeit des Raufens 73
Von den Massen 76

Unheimliches & Unwirkliches 78
Die Bräuwirtin im Vilstal 80
Die Hex von der Grubn 81
Der Kalchmaierwirt in Kremsmünster 82
Das Kopftuchweiblein 83
Geweihtes Schießpulver 84
Die ungläubigen Bauern 85
Die verhexte Kellnerin 86
Der Lauterfresser und die Grödner Bärenjäger 88

Kriege & List 90
Der Tote im Wirtshaus 92
Das Reiterloch 94
Die erlöste Hand 97
Bruder Kastner von Aldersbach 98

Gschmackig & Unappetitlich 101
Unappetitlich bis Gschmackig 102
Stockbiesler 102
Bierschoaß mit dem Radikopperer 103

Bier und Körperformen 105
Post-it® 106
Der Hexenspielmann von Hötting 107
»Zur Kalten Herberge« 109
Schimmiwirt 111
Irische Übertragung 111
Der »Pulverturm« in Milbertshofen 112

Wirtshäuser & ihre Namen 114
Der Springerwirt zu Eferding bei Linz 117
Die »Bumsn« in Schärding 118
»Zum Koch in der Hölle« 119
Das brennende Fuhrwerk vom Zacherlwirt 120
Die »Hundskugel« 121
»Zum Nassen Hadern« 122

Wirtshaus- & Biergschichtn 125
Dass as Wetter so bleibt.
Die Schmugglerwirtschaft am Klobenstein 125
Das wohltätige Wirtshaus der Adele Spitzeder ... 128
Die Andechser Bierjungfrau 132
Hartl, du Depp 134

Rausch & Heimweg 136
Der Ampellecker 138
Der Rauschmeister 139
Der liebe Augustin 141

Hin & Weg: Verschwundene Wirtschaften 144
Die schöne Detta 147

Quellen 151

GRANDL, GRANDLMANDL, GRANDLWEIBERL

Wer weiß eigentlich noch, was ein Grandl ist? Ein Grandl, ein Ofengrandl. Im Sprichwort »Der hat sei Grandl aber sauber voll ghabt«, taucht dieses Grandl auf. Es beschreibt mit augenzwinkernd-verständnisvoller Besorgnis einen Mann, der deutlich über den Durst getrunken hat, viel mehr Alkohol zu sich genommen hat, als ihm nach dem inneren Eichstrich zuträglich gewesen wäre. Als Grandl bezeichnet man ein Behältnis, einen aus Kupferblech gefertigten Kasten, der meist seitlich in alten Holzkohlenherden eingebaut war. Am Grandl vorbei führte die Zuleitung zum Ofenrohr, um die Abwärme des Feuers zu nutzen und das darin befindliche Wasser zu erwärmen. Das auf diese Weise beheizte Grandl diente als Warmwasserreservoir, lange bevor Warmwasser aus einer Mischbatterie in der Wand floss, wie es heute selbstverständlich ist.

Das Grandlwasser war nie zu heiß und nie zu kalt, man konnte es mit einem großen Schöpfer entnehmen, um das Knödlwasser zu strecken, eine Suppe oder Soße zu verlängern[1], das Spülbecken zu füllen, es in eine Wärmflasche einzugießen oder den Boden eines kupfernen Bierwärmers zu bedecken. Nach der Entnahme musste man das ausgeschöpfte Wasser im Grandl wieder ergänzen. Ein Grandl hatte immer gut gefüllt zu sein!

Diese Art Küchenholzofen findet man heutzutage noch in den Selbstversorgerhütten des Alpenvereins, in den letzten unrenovierten Sozialwohnungen, wo sich eine vergessene Rentnerin darauf eine einsame Salzkartoffel kocht oder als Nostalgie-Gag

---

[1] Fünf sind geladen, zehn sind gekommen.
Gieß Wasser zur Suppe, heiß alle willkommen.

und Blickfang in einer hyperdesignten Molekularküche in einem Kitzbüheler Chalet.

Ab und zu findet man einen Küchenherd mit Grandl in nur noch gelegentlich betriebenen Dorfwirtshäusern. Wenn aber dort am Wochenende ein Schweinsbraten in einem solchen Holzküchenofen zubereitet und den Gästen serviert wird, dann ruft dieser bei den Kennern wahre Begeisterungsstürme hervor, erreicht doch das Fleisch durch die durchdachte Zufuhr verschiedener Brennholzarten und -stärken seine unvergleichliche Qualität: Man beginnt mit Fichtenspreißeln den Ofen anzuwärmen, legt in der richtigen Menge mittlere Holzscheitel nach, um hohe Anbrathitze zu erreichen, sobald der Braten ins Backrohr geschoben wird. In der mittleren Bratphase legt man ein paar dickere Prügel als Dauerbrenner nach und puscht die Hitze im Finale noch einmal mit einer Handvoll mittelstarker Buchenscheite. Der Braten dankt dieses Heizprogramm mit einer Schwarte, die mit einem Geräusch von knirschendem Harsch zwischen den Mahlzähnen bricht und zärtlich am Gaumen zerbröselt.

Prügelhitze, verbunden mit der natürlichen, langwelligen Strahlungswärme sowie dem Bepinseln mit Salzwasser oder malzigem Dunkelbier, ergibt dieses Wunderwerk, welches die Versprechung der »Ofenfrische«[2] wahrhaftig einlöst. Nur in einem Holzofen ist die Mutter aller Schweinsbraten in höchster Perfektion herstellbar, während gleichzeitig auf der Herdplatte das Knödlwasser simmert, sich auf seiner Oberfläche die Kartoffelstärke absetzt, die vorsichtig abgenommen zum Binden der Soße im Bratrohr genutzt werden kann. Grandl und Reine, Knödl und Wasser, Dampf und eine schwitzende Köchin

---

[2] Ofenfrisch ist genauso unsinnig wie kühlschrankwarm.

mittendrin – dazu eine Halbe Bier – sind der perfekte Übergang in ein frühnachmittägliches Verdauungskoma.

Das Grandl in einem großen Wirtshausherd war natürlich professioneller ausgestattet als das in einer kleinbürgerlichen Wohnküche. Es fasste das Volumen einer Zinkbadewanne, war von einem schwenkbaren Wasserhahn überbaut und besaß am Grandlboden ein Ablassventil, um das heiße Wasser in einen der großen Wirtshaustöpfe abzulassen.

Verzeihen Sie den kleinen Exkurs über den Aufbau eines Küchenofens, aber er ist notwendig, um die folgende Geschichte verstehen zu können.

Ein später Novembertag in den Isarauen vor Puppling hat seinen ganz eigenen Reiz. Eine graue, bleierne Stille liegt über der einzigartigen Auenlandschaft, Krüppelkiefern und Tamarisken auf den Kiesbänken bereiten sich auf den herannahenden Winter vor. Auf den zahlreichen Kieselwegen ist niemand mehr unterwegs, nur auf den Schotterbänken erinnern kohlige Feuerstellen an sommerliche Grillorgien. Von Nordwesten nähert sich eine Kaltfront mit dem ersten Wintereinbruch, staut sich vor dem Wettersteinmassiv und dem Karwendel, von wo mein Freund, der Fluss, herkommt. Schneeschauer nehmen mir die Sicht, der steinzeitliche Instinkt des demütigen Überlebens in einer feindlichen Umwelt stellt sich mit wohligem Schauer ein.

Mein Hund, der die Schnauze auf der Wanderung kaum vom Boden hochgebracht hat, bleibt abrupt stehen. Angespannt ist sein Körper, die Nase im Wind, irgendetwas beunruhigt ihn, etwas am Hochufer scheint seine Aufmerksamkeit hervorzurufen. Ich halte ihn am Halsband fest. Leise beginnt er zu winseln: Dort ist irgendetwas, was nicht hierhergehört.

Durch das Flockenballett hindurch flackert wie ein fernes Leuchtfeuer ein warmer Lichtstrahl, Stimmen sind zu vernehmen und verklingen auch wieder. Was ist das, da drüben?

Vorsichtig nähere ich mich auf einem bekiesten Pfad dem unbekannten Objekt. Der Lichtschein hat durchaus etwas Heimeliges und schimmert durch ein Fensterkreuz. Tatsächlich: Ein altes, verlassenes Haus steht dort an einem alten Weg, der vielleicht einmal früher die Tölzer Flößer nach einer Fahrt über München, Landshut, Passau, Wien – oder noch weiter – wieder heimgeführt hat.

Das Gebäude: offenbar ein altes Wirtshaus. Der Zaun zerfallen, die Fensterscheiben blind. Vorsichtig trete ich näher, den Hund dicht am Fuß. Ein Blick in den Gastraum: Die Stühle strecken die Beine zur Decke, nur an einem hinteren Tisch stehen sie unordentlich verteilt auf dem Boden, als ob dort gerade noch ein paar Kartenspieler gesessen hätten. Seltsam – aus der Küche ist ein leichter, flackernder Schein zu erkennen. Ich gehe zur Eingangstür, ein ausgebleichtes Schild weist darauf hin: »Derzeit vorübergehend geschlossen!«

Trotz der Ankündigung ist die Eingangstüre nur angelehnt. Dem Hund ist das alles nicht geheuer, er weicht nicht von meiner Seite. Ich schiebe die Türe einen Spalt weit auf, orientiere mich vorsichtig: »Hallo, ist da jemand?«

Keine Antwort, aber hinter der nächsten Tür, die zur Küche führt, ein leises, plätscherndes Geräusch. »Wirtschaft! Bedienung!«, rufe ich, um die friedlichen Absichten meines Eindringens zu unterstreichen. Wenn es hier jetzt irgendwas, eine Halbe Bier zum Beispiel, gäbe, ich würde sie gern nehmen und auch bezahlen. Dafür sind Wirtshäuser schließlich da, und »Derzeit vorübergehend geschlossen!« bedeutet, dass auch irgendwann wiedereröffnet wird.

Schon vor Jahrtausenden hat es hier Wirtshäuser gegeben. Drüben im Würmtal ist man auf die Fundamente eines solchen gestoßen, aus der Römerzeit, nahe der alten Salzstraße. Händler, Fuhrknechte, Abenteurer, Fremde, Sänger, Herumtreiber, Männer und Frauen mit Waren vom sonnigen Süden oder aus dem weiten Osten haben hier gerastet, übernachtet, gesungen, gegessen und gesoffen, heimlich geil geliebt, streng überwacht von einem geschäftstüchtigen Wirt und seiner scharfäugigen Frau. Wirt und Wirtin – die beiden haben hier einen Anteil von der geschäftigen, aufstrebenden, vagabundierenden Welt abgeschöpft. Willkommen war jeder, der noch ein paar Münzen im Sack hatte, gekatzbuckelt wurde vor jedem, der nach Wohlhaben roch, egal wo er herkam und wo er hinwollte. Das Wirtshaus – ein Ankerplatz. Mochte die Fremde auch noch so bedrohlich sein, das Wirtshaus war dem Reisenden ein behütender Schoß. Der Nutzen zwischen Wirt und Gast war beidseitig. Eine Gegend ohne Wirtshaus: unwirtlich!

Langsam schiebe ich die Küchentür auf: Es ist gut beheizt hier, aus dem Spalt des Ofenlochs strahlt rotwellige Tiefenwärme. Ein kurzes Plätschern ist aus dem Grandl heraus zu vernehmen, ein Wispern, dann Ruhe. Aber eine angespannte Ruhe. Der Hund hat die Ohren angelegt, ein leises Knurren geht hinüber zu dem altertümlichen Warmwasserbehälter. Irgendwas ist hier im Raum.

Der rechteckige Kupferdeckel über dem Grandl ist leicht verschoben, daneben liegen zwei graue, fadenscheinige Küchenhandtücher wie am Seeuferstrand. Wasserdampf steigt auf. Ich gehe zum Herd hinüber und hebe den Grandldeckel hoch:

»Hoit!« Eine leise Männerstimme, bayerischer Klang, bestimmt: »Deckel zua!«

»Keine Belästigung, bitte!« Eine leise Frauenstimme, ebenfalls aus der Kupferwanne, etwas rauchig und mit östlichem Akzent.

»Entschuldigung!« Jetzt bin ich irritiert. »Ich wollte nicht stören, aber draußen saut es und ich wollte mich nur wärmen und unterstellen. Vielleicht was trinken, ich zahle auch!«

Kurzes Flüstern im Inneren des Grandls. »Reichen Sie mir das Handtuch, bitte!« Ich schiebe das Tuch zum Grandl hinüber.

»Und jetzt umdrehen!« Ich folge dem Wunsch. Hinter mir ein umständliches Gewerkel: Der Deckel wird verschoben, es plätschert, jemand macht sich zurecht, ich bleibe diskret.

»So, jetzt drah di wieder retour!«, fordert die Männerstimme.

Ein kleinwüchsiges Paar, Mann und Frau, Alter vielleicht in der Lebensmitte. Er drahtig, schnauzbärtig und vorsichtig blickend, sie mit dunklem langen Haar, großen braunen Augen, beide höchstens einen halben Meter groß, sitzen am Grandlrand, lassen die Füße ins Wasser hängen und haben ihre Blöße mit den bereitliegenden Trockentüchern bedeckt. Von den Haaren der Frau tropfen Wasserperlen.

»Hund bitte gut festhalten!«

»Der tut nichts!«, beruhige ich. »Sitz!«

Der Hund streckt sich folgsam auf dem Boden aus, macht sich behaglich lang, alles in Ordnung. »Wer seid ihr?«

»Wer sind Sie?«

»Ich bin der Gelati!«

Prusten! »Eigenartiger Name!«

»Ein Spitzname, aus meiner Jugend.«

»Des is die Detta und i bin da Gregor. Gori ruft ma mi!«

»Lebt ihr hier?«

»Mir san nur auf da Durchreise, quasi!« Gori winkt ab.

»Wir wollten uns nur etwas frisch machen hier, entspannen und erholen«, ergänzt Detta.

»Durchreise wohin?«

»Des wiss ma selber net genau«, antwortet Gori. »Mir san net so gebunden, an irgendwo.«

»Nur an uns, da sind wir schon gebunden!« Sie strahlt mit ihren tiefbraunen Augen und haucht dem Gori einen Kuss zu.

»Mir san, ja wie soll ich des jetzt sagen, Badegäste.«

»Im Grandl?«

»Net immer, aber wenn es sich ergibt!«

»Aber Grandl gibt es immer weniger!« Detta schüttelt ihre

langen Haare. »Und deshalb nehmen wir auch Grandl mit, wenn es sich ergibt!«.

»Wie hier, wo noch so ein alter Herd steht.«

»Genau! Wir haben es uns hier ein wenig gemütlich gemacht: Wasser, Küche.«

»Wir kennan uns aus, warn selber Wirtsleut, früher!«

»Interessant! Und wo?«

»Weit weg von hier, eher östlich, flussabwärts, stromabwärts, immer entlang von Duna!«

»Donau! I bin ursprünglich scho vo da, gebürtig! Aber i bin ziemlich rumkemma in da Welt!« Gori nickt Detta zu.

Mit einem Mal ist vom Dachboden ein schleifendes Geräusch zu vernehmen, ein Poltern, Schritte, ein kurzes Wimmern. Der Hund ist wie elektrisiert hochgesprungen.

»Was war das?« Mir wird mein zufälliger Aufenthalt nun doch etwas unheimlich.

»Altes Haus, macht immer Geräusche«, besänftigt mich Detta.

»Aber das waren doch Schritte, Schlurfen, Schleifen?«

»So a oide Wirtschaft erzählt halt so Gschichtn. Die steckan da drin in de Mauern, im Bier- und im Weinkeller, in de Kreuzgewölbe und in de Dachbödn.«

»Was einmal innerhalb von Mauern passiert ist, das bleibt auf immer darin enthalten. Kann man aber hören, wenn man will. Und im Wirtshaus ist immer was passiert.«

»Aber das Geräusch? Welche Geschichte?«

»Wenn Sie wollen und wenn Sie ein bisschen Zeit haben, dann können wir schon etwas erzählen, von Wirtshäusern. Als Grandlbadegast kriegt man immer was mit. Draußen ist eh sehr ungemütliches Wetter. Was soll man machen?«

»Gern, ich hab eh nichts anderes vor, als mich aufzuwärmen. Und, wenns interessiert, ich kenn auch so manche Wirtshausgschicht!«

Die Grandlmadam strahlt mich an: »Das ist sehr schön, dann erfährt man wieder ein paar Neuigkeiten!«

»Und, wega dem Lärm da drobn …« Das Grandlmandl beugt sich verschwörerisch zu mir: »… des is möglicherweise pfeilgrad irgendein Geisterwirt. Schlechtes Gwissen, unruhige Geister, vastehst? Da Rumpler oder da Weihizer!«

»Weihizer? Rumpler?«

»Kennst du die net? Oiso dann, pass amoi auf!«

ZUM GEISTERWIRT

DER RUMPLERWIRT

or vielen Jahren kam ein Handwerksbursch auf der Walz entlang der Donau ins Rumplerwirtshaus in Niederösterreich. Speis und Trank bestellte er bei der Wirtin und fragte nach Weg und Arbeit. Alsdann holte er ein wunderliches Fläschchen aus seinem Ranzen, betrachtete es zärtlich und verwahrte es wieder sorgsam. Neugierig fragte die Wirtin: »Was hast du in dem Flascherl drin?«

»Meinen Schutzgeist!«, antwortete der Geselle. »Ich muss ihn wohl verschlossen halten. Nur Unglück würd er Fremden bringen!« Das machte die Wirtin neugierig. Ihr Mann war auf Reisen, sie füllte dem Gast immer wieder seinen leeren Becher, erzählte von diesem und von jenem. Emsig zechte der Handwerksbursche, bis er müde sein Lager aufsuchte.

Angeblich sei er am nächsten Morgen weitergewandert, der Bursch mit seinem Ränzel. Als die Wirtin den Strohsack ausschüttelte, fiel das geheimnisvolle Geisterfläschchen zu Boden. Warum es wohl in der Herberge zurückgeblieben war?

Die Neugier plagte die Wirtin: »Unglück soll es bringen? Ein Schutzgeist? Nicht glauben kann ichs. Es gilt die Probe zu machen, aufs Exempel!« Aber sie beherrschte sich, betrachtete das Geisterglas weiterhin misstrauisch gespannt und verwahrte es sorgsam in der Truhe.

Als ihr Mann von seiner Reise heimgekehrt war, erzählte sie vom Flascherl und dem Handwerksburschen. »Wirf es in den Donaufluss! Unglück können wir nicht brauchen!«, wies sie der misstrauische Rumplerwirt an. Seine Frau folgte und warf, wenn auch widerwillig, das Glasbehältnis in den Fluss. Vergebens, denn am nächsten Tag lag es wieder in der Truhe. Am übernächsten Tag warf sie es von der Brücke, aber in der Nacht darauf kehrte das Flascherl ebenfalls zurück. Am fünften Tag gab sie es einem *vorbeiziehenden Flößer, damit er es zwei Tagesreisen flussabwärts wegwerfen solle, aber es brachte wieder nichts: Wohin auch das Fläschchen gebracht wurde, immer fand es auf geheimnisvolle Weise seinen Weg zurück in die Truhe vom Rumplerwirt.*

Der Rumplerwirtschaft schadete das aber nicht: Sie kam zusehends in die Höhe, erblühte regelrecht, vorteilhafte Geschäfte brachten reichlichen Gewinn. Die Wirtsleute glaubten nun langsam an einen schützenden Geist. Die Nachbarn jedoch wurden neidisch und begannen schon, hinter ihrem Rücken übel zu reden.

Als nach geraumer Zeit der Rumplerwirt seinem Sohn die Wirtschaft übergab, führte er ihn auch zu der Truhe, holte das Fläschchen hervor und sprach: »In diesem Glase befindet sich der Rumplergeist. Solange er da drinnen bleibt, wird es dir und deinen Nachkommen wohlergehen. Lass ihn ja nicht heraus!«

Der Sohn beherzigte das anfangs, aber nach einigen Jahren plagte ihn der Übermut: Er öffnete das Fläschchen. Aber nichts, rein gar nichts Besonderes geschah. Da spottete er über das geheimniskrämerische Wesen seines Vaters.

Bald darauf ging es aber nicht mehr mit rechten Dingen zu. Auf dem Dachboden hörte man nachts ein Poltern und Rumoren. Genaue Untersuchungen konnten keine Erklärungen bringen. Ein Kinderwagen kam die Bodenstiege herabgefahren. Im Wirtschaftshofe begann die Postkutsche von selbst davonzurollen. Es geisterte! Brachten die Wirtsleute den Gästen das Essen, so war es durch Sägespäne oder Asche verdorben. Nahmen die heimkehrenden Gäste ihre Hüte oder Überröcke vom Kleiderrechen, so waren sie oft arg beschädigt. Hatte der wandernde Schuster im Schupfen abends seine Arbeiten am Schuhwerk beendet, so waren am nächsten Morgen Schuhe und Stiefel zerschnitten. Schlüssel passten auf einmal nicht mehr zu den Schlössern. Ging man nachts beim Kalkofen vorbei, so zeigte sich eine Hand mit einer Laterne und begleitete die zitternden Gäste; diese Erscheinung verschwand erst bei der alten Säge.

Eine gründliche Durchsuchung des Hauses ergab einen Fund von Menschenknochen unter dem großen Türstock. Keiner hatte eine Erklärung, woher sie kamen. Mit der Wirtschaft ging es immer mehr bergab, der alte Rumplerwirt wurde aufs Krankenbett geworfen.

Und als er sich einmal sehr schwach fühlte, trug er gegen Mitternacht seinem Sohne auf, die Rappen vor den Wagen zu spannen und den Arzt zu holen. Rasch fuhr der Wirtssohn entlang der Wasserfälle ins Dorf hinüber, kam vom Wege ab und stürzte mit Ross und Wagen in die Tiefe. Im selben Augenblick ging ein gar gewaltiges Getöse durchs Rumplerhaus: Der alte Wirt war gestorben. Sein Sohn kam mit dem bloßen Schrecken davon, Wagen samt Bespannung waren zerschlagen. Seit dieser Stunde hatte der Spuk ein Ende.

Das Rumpeln und die Geräusche vom Dachboden hatten aufgehört. »Der Rumpler will halt, dass die Gschicht net in Vergessenheit gerät«, erklärt der Gori. »Aber das schlechte Gwissen treibt einen schlechten Wirt um!«

»Wie war das mit dem Weihizer?«

Detta schaut mich mit einem tiefen Blick an: »Weihizen, das sagt man in Böhmen, wenn jemand keine Ruhe findet, wie dieser Wirt, der nie genug hat kriegen können!«

DER WEIHIZER

n Neukirchen im Böhmerwald lebte einstmals ein Wirt, der hatte einen sehr langen Daumen. Diesen steckte er beim Einschenken in den Krug und füllte ihn nur so weit, bis er das Bier an der Daumenspitze fühlte. Dann rührte er den Schaum auf, damit der Gast nichts von seinem Betrug mitbekam.

Das zahlte sich auf die Dauer aus, er wurde durch seinen goldenen Daumen so reich, dass er nicht mehr wusste, was er mit seinem Geld anfangen sollte. Einmal sagte er zu seinem Knecht: »Girgl, wenn du mir vom Frühläuten bis zum Abendgeläut so viel Stroh schneidest, wie ich Geld hab, so kriegst du zehn Gulden von mir. Schaffst du es nicht, musst du mir zehn Gulden geben.« Der Girgl schnitt den ganzen Tag Stroh und brachte bis zum Sonnenuntergang einen gewaltigen Haufen Häcksel zusammen. Aber der Wirt lachte nur, führte ihn zu seinem Geldhaufen, der war immer noch weit größer: Den ganzen Böhmerwald hätte man dafür kaufen können. So hatte der armselige Knecht seine zehn ersparten Gulden verspielt und der reiche Mann warf sie auf seinen großen, silbernen Geldberg.

Man erzählte, der Wirt konnte zu gleicher Zeit an zwei verschiedenen Orten sein: Wenn das Gesinde Kartoffeln erntete, war er auf dem Acker und zugleich im Kartoffelkeller auch, damit niemand auch nur eine Handvoll auf die Seite bringen konnte.

Erst als er alt und krank wurde, begann ihn sein Gewissen zu plagen, weil er den armen Leuten viel Schlechtes getan hatte. Um es zu beruhigen ließ er eine Glocke gießen, die war so breit, dass darunter leicht acht Paare hätten tanzen können. Doch auch das brachte ihm keinen Frieden: Die Glocke hatte einen harten, steinernen Klang. Hätte der Mann nur einen einzigen gerecht verdienten Heller bei dem Geld gehabt, das er für die Glocke *hergegeben hatte, so hätte sie rund und weich geklungen und ihm wäre geholfen gewesen.*

Nach seinem Hinscheiden fand der Wirt in der Gruft keine Ruhe. Er musste zur Strafe »weihizen«, also herumgeistern und auf der Kellerstiege sitzen. Vor dem Engelläuten durfte er niemandem etwas antun. Wenn man aber später im Keller Bier holte, dann rann nichts aus dem Fass, des Wirtes geiziger Geist saß darauf und ritt mit einem wahnsinnigen Lachen wie auf einem Gaul, den Geldbeutel in der Hand schwingend. Oft brüllte das Vieh nachts in den Stallungen, und wenn die Knechte nachsahen, fanden sie alle Türen offen und die Kühe sprangen zitternd im Hof herum.

Einmal kehrte spätnachts ein reisender Pfarrer in das Wirtshaus ein und weil sich niemand mehr traute, ihm einen Krug Bier aus dem Keller zu holen, stieg er selber hinunter und wollte das lästige Gespenst verbannen. Der Geistliche schlug drei Kreuze, aber selbst das nutzte nichts, der Wirt hüpfte hurtig vom Fass herunter und schlug dem Kirchenmann mit dem schweren Geldbeutel aufs Hirn, dass er bewusstlos niedersank. Weil sie aber den Weihizer los sein wollten, schickten sie um den Bischof von Regensburg. Der betete fünf Schmerzhafte Rosenkränze und verbannte ihn dadurch in die wilde Schweiz. Dort geht der Weihizer angeblich heut noch um.

DIE HEIMKEHRENDEN MUSIKANTEN

ie es kam, dass der Haussegen beim Lehrer und beim Schmied in Unterhiering dermaßen schief hing? Wie es kam, dass sich die Schneiderin, wo es ging, bei ihrem Mann unterhakte, ihm zulächelte und das ganz demonstrativ? Es soll mit einem Wirtshausbesuch zusammenhängen, aber zu einer recht ungewöhnlichen Zeit! Aber nichts Genaues weiß man nicht, auch wenn sich die Gerüchteverbreiterinnnen im Ort noch so sehr bemühten, nichts war herauszukriegen! Beobachtet wurde: Die Frau vom Lehrer hat das Sonntagsgewand ihres Gatten, nachdem sie mehrfach versucht hatte, es einer Wäsche zu unterziehen, im hintersten Eck vom Garten vergraben. Bei der Frau vom Schmied war es ähnlich, aber sie verbrannte gleich das Gewand ihres Mannes im Schmiedefeuer. Nur die Frau vom Schneider tat nichts dergleichen: Sie hing das Schneidergewand zum Lüften im Freien auf, es ging auch keinerlei Gestank von ihm aus, und sie hielt den Kopf seit dieser Freinacht etwas arrogant höher, als es ihr eigentlich zustand.

Auch die langjährige Sänger- und Musikantenfreundschaft vom Schmied, vom Lehrer und vom Schneider machte in diesen lauen Maientagen eine harte Probe durch: Wenn die drei sich begegneten, kam es zu mancher verärgerten, vorwurfsvollen Geste, die zum Ausdruck brachte, dass der Schneider den beiden anderen in den Rücken gefallen sei! Der aber hob nur bedauernd seine schmächtigen Schultern und deutete mit seinen zierlichen, nach oben geöffneten Schneiderhänden entschuldigend an, er könne nichts dafür. Es waren eben seine Hände, die schnell und sicher über die Klarinettenklappen flogen, wenn die drei zusammen Musik machten, früher, und in bester Harmonie. Der Lehrer spielte auf der Ziach, dem Akkordeon, dazu und der Schmied blies *das Bombardon[3], die Tuba. Es war Musikerfreundschaft und die drei waren oft unterwegs, um bei einem Musikantentreffen mitzuspielen. Und weil sie in Bass, Diskant und Tenor dazu singen konnten, waren sie gern gesehene Gäste.*

Der Schmied und der Lehrer hatten einen Krach daheim und die Frau vom Schneider ließ es sich nicht nehmen, auszudrücken, dass bei ihr daheim alles in bester Harmonie stand. Das wiederum war dem Schneider recht unangenehm, denn es kam so an, als würde er den Freunden in den Rücken fallen. Der Lehrer durchlebte in diesen schönen Maientagen eine harte Zeit, denn die Geschichte war bereits durch das Dorf gezogen und stank förmlich zum Himmel. Es gab sogar einige Rotzlöffel, die im Unterricht die Nase hochzogen, als ob ein unangenehmer Geruch von ihm ausginge. Doch weil beim Lehrer selbst noch etwas Unsicherheit und schlechtes Gewissen mitschwang, hatte er keine Handhabe zur Strafe. Am liebsten wäre es ihm, alles würde schnellstmöglich in Vergessenheit geraten.

Was war geschehen? Angefangen hatte es mit dem Frühjahrssingen im Nachbarort, in Oberdrenting. Selbstverständlich waren Schmied, Lehrer und Schneider dort eingeladen, in der Nacht vor dem ersten Mai. Und weil es nicht auszuschließen war, dass bei dem Singen die eine oder andere Halbe geleert wurde, waren die drei auch zu Fuß die fünf Kilometer von Unterhiering nach Oberdrenting zum Wirt hinübergegangen. Es war ein schönes Singen gewesen, anfangs waren wohlgesetzte Marienweisen und harmlose Frühlingslieder zu hören, aber nachdem sich der Herr Pfarrer verabschiedet hatte, wurden auch derbere und durchaus frivole Lieder angestimmt. Auf jeden Fall deutete das etwas schrille Lachen der anwesenden Frauen darauf hin, dass in diesen

[3] Basstuba

Liedern nicht nur die Fruchtbarkeit von Feldern und Nutztieren, sondern auch die der Menschen humorvoll besungen wurde. Es war ein lustiger Abend, aber gegen halb zwölf war Sperrstunde und Musikanten, Sänger und die Zuhörerschaft machten sich auf den Heimweg.

Dieser zog sich in der frischen Nachtluft. Eine Stunde Fußweg war es zurück nach Unterhiering. Die Füße vom Lehrer und vom Schmied waren auch etwas schwer, nur der Schneider, der hauptsächlich alkoholfreie Getränke zu sich genommen hatte und den spendierten »Musikerobstler« heimlich in die Wirtshausblumenkästen geschüttet hatte, schritt unbeschwert vorwärts. Die drei sangen noch ein paar Lieder, damit der Heimweg schneller verging.

Sie hatten schon die Hälfte des Wegs zurückgelegt, als die Kirchenuhren Mitternacht schlugen. Mit einem Mal veränderte sich etwas in der gewohnten Landschaft, dichter Nebel zog auf, legte sich wie eine Schlafdecke über die Filzen, bedeckte die moorige Natur, feuchtklamm und undurchdringlich. Eigentlich wollten die drei ja direkt nach Haus, doch beim Schmied und beim Lehrer deutete sich der erste leichte Nachdurst an.

»Jetzt waar hoit no a Wirtschaft recht, für a Weghoibe«, grantelte der Schmied.

»Mich dürstet auch noch etwas«, stimmte der Lehrer wohlformuliert zu, nur der Schneider enthielt sich einer Äußerung.

Da, anfangs verhalten, doch mit der Zeit immer deutlicher, war aus dem Moornebel ein wohlbekannter, anheimelnder Klang zu vernehmen, das Klirren von Gläsern, Lachen und das Geraune fröhlicher Unterhaltung drangen an die Ohren der Heimkehrer.

»Ja wos is des?« Der Schmied war erstaunt. »Da drin, da hockan welche!«

»Irgendeine Feierlichkeit! Aber wo soll die sein. Wer soll im Moor feiern?« Der Schneider blieb stehen und versuchte, die Ursache der Geräusche zu orten.

»Im Moor? Aber da ko ma doch gar net nei, is doch vui z'gfährlich.« Der Schmied blieb misstrauisch.

»Es hört sich aber eindeutig an wie ein Wirtshaus!«, stimmte der Lehrer zu und obwohl der Schneider bedenklich den Kopf neigte: »Da schauen wir doch nach!«

»Guat! Nochschaung kost nix!«, gab der Schmied dazu und so wichen die drei vom Weg ab hinein ins Moor, das unter ihren Füßen schmatzend nachgab, immer in Richtung der vertrauten Laute. Sie waren fast in der Mitte des Feuchtgebiets angekommen, da drang durch das Nebelgebräu ein milchiger Lichtschein. Sie waren den Geräuschen auch schon recht nahe und mit einem Mal erschien vor ihnen ein Wirtshaus: warm erleuchtet, wohl gut besucht und zur Einkehr einladend.

Die drei traten durch die Wirtshaustür ein, um zu ergründen, was da los sei. Sie standen in der Gaststube, doch obwohl diese dem Lärm nach gut gefüllt zu sein schien, war kein Mensch zu sehen. Gefüllte Biergläser standen auf den Tischen und wurden gehoben, in unsichtbare Münder geleert und zurückgestellt. Auch Spielkarten schwebten in der Luft und Münzen wanderten auf den Wirtshaustischen hin und her.

»Bravo! Jetz san Musikantn da!«, riefen einige Stimmen aus der unsichtbaren Zecherschar, und vor den dreien standen wie von Geisterhand drei Biergläser und drei Stamperl mit Schnaps.

»Prost! Und jetzt spuits auf!«, rief es von überall her. »Auf gehts!«

Obwohl der noch nüchterne Schneider etwas irritiert umherblickte, ließen sich die anderen beiden nicht zweimal auffordern: Bombardon und Diatonische spielten los und dann stieg auch die Klarinette mit ein. Boarischer, Schottisch, Walzer, Zwiefache und Polka klangen auf und sie hatten das eigenartige Gefühl, noch nie sei ihnen die Musik so leicht aus Fingern und Lungen entschwebt. Sie spielten, dass es eine Wonne war, zuzuhören. Die unsichtbare Hörerschaft war begeistert, klatschte und juchzte, und beim Lied vom Rehragout sangen alle aus vollen Kehlen mit.

Dann machten die Musiker eine kleine Pause, neben dem Lehrer drehte sich ein Stuhl einladend auf die Seite und aus dem Nichts kam die Aufforderung: »Geh weida, hock di her und spui mit! Zwanzig, fuchzig is da Tarif, mit Doppeln!«

Der Lehrer nahm die Aufforderung zum Schafkopf gern an, das erste Blatt war ein schöner Wenz, er gewann ihn wie auch die nächsten Spiele, Ruf und Solo quer durcheinander. Er hatte eine Glückssträhne, das Geldhäufchen an seinem Platz wuchs und wuchs, er spielte, riskierte einiges und gewann meistens.

Der Schmied wiederum erforschte derweil das Mysterium seines Bierglases: Sobald er davon getrunken und das Glas wieder auf den Tisch gestellt hatte, füllte sich dieses aus einem unsichtbaren Zapfhahn bis zum Rand. Ein Traum! So etwas hatte er noch nie erlebt, er trank sich einen glücklichen Rausch an und blickte selig in der Geisterwirtschaft umher. Nur der Schneider hielt sich abseits, er traute der Sache nicht und versuchte, bei klarem Verstand zu bleiben.

So verging die Zeit von Mitternacht bis zum Morgengraue, mit Musikmachen, Karteln und stillem Genuss. Erst als sich im Osten das erste Rot am Himmel zeigte, begann auf einmal ein heftiges Stühlerücken, Scharren und Aufbrechen. Die Stühle stellten sich von selber auf die Tische, auch das Licht wurde plötzlich kalt und unangenehm. Die gerade noch vorhandene Gemütlichkeit schlug in eine Aufforderung zum Gehen um. Ganz schnell verschwanden die unsichtbaren Gäste, der Lehrer schob hastig seinen Gewinn ein, der Schmied nahm einen letzten Schluck aus dem Wunderglas, nur der nüchterne Schneider saß vorsichtig abwartend auf einem leeren Bierfass.

Dann klang das Morgenläuten von Unterhiering herüber. Ein plötzlicher Wind kam auf, fegte den Nebel hinweg und das eben noch solide dastehende Wirtshaus war von einem Moment auf den anderen verschwunden.

Der Schmied und der Lehrer aber sahen sich mit einem Mal in eine üble Lage geraten: Sie fanden sich bis zum Bauch in einer stinkenden Morastgrube wieder, die dünstete gottserbärmlich Verwesung aus und der Kot war ihnen bereits ins Gwand eingedrungen. Allein der Schneider saß trocken auf einem Baumstumpf, Gott sei Dank, denn so konnte er seinen Mitmusikanten aus dem Loch heraushelfen. Bombardon und Ziach waren in einem erbärmlichen Zustand und der Schneider hatte alle Mühe, den rauschigen Schmied und den Lehrer wie Rindviecher mit einem Stecken heimwärts zu lotsen.

Nichts anderes blieb ihnen übrig, als sich durch das erwachende Dorf heim zu schleichen, eine ekelerregende Geruchsspur hinter sich herziehend. Dort wurden sie auch schon von ihren Frauen erwartet und ihr übler Zustand, als sie am ersten Maitag stinkend ins Dorf einzogen, führte zu hartnäckigen ehelichen Verstimmungen. Der Lehrer versuchte noch alles zurecht zu biegen: »Jetz schau halt zerst, was ich gewonnen hab! Ich hab dir was mitgebracht!«

Er griff in seine Tasche, aber statt des erhofften Gewinns zog er eine Handvoll Rossbollen heraus. Das wars: Das eheliche Bett blieb ihm längere Zeit versperrt.

So endete das Frühjahrssingen und es dauerte einige Zeit, bis der Haussegen beim Schmied und beim Lehrer wieder grad hing, die drei sich wieder versöhnt hatten und wieder eine Musikprobe zsammging. Um das Moor machen sie seitdem einen großen Bogen, es wurde aber auch nichts bekannt, dass das Geisterwirtshaus dort wieder einmal aufgetaucht sei.

Aus der Gaststube dringt plötzlich eine lang gezogene Klangfolge, darunter ein liegender Basston. Kein Zweifel: Ein Dudelsackspieler scheint drüben aufzuspielen.

Gori stimmt in die leicht quäkende Musik ein und singt den Refrain mit: »Wenn der Teufel tanzt, dann braucht er eiserne Schuah.«

Ich kenne das Stück, der Refrain taucht immer wieder bei Wirtshausmusikern auf. Ein Wirtshaus war immer ein Ort des Tanzes und der Musik, frecher Lieder und körperlicher Nähe, schneller Drehungen, Schwindel und Ohnmacht, Körperlichkeit und Lust. Im Wirtshaus begegneten sich Männer und Frauen, kamen sich näher, manchmal noch näher, und die Vertreter von Geistlichkeit und Sittlichkeit suchten dies zu unterbinden, meist vergeblich.

»In der Wirtshausmusik hat man oft nur das Böse und Unsittliche gesehen. Dabei ist es halt Musik, die in die Beine geht!« Detta schien meine Gedanken erraten zu haben. »Zum Dudelsack hat man gsagt: Teufelsinstrument! Warum? Weil die Luft im Balg bleibt und er noch alleine weiterspielt, wenn der Musikant das Anblasrohr aus dem Mund nimmt!«

»Teufelsmusik, so ein Schmarrn. Die Pfeifen funktionieren genauso wie bei einer Kirchenorgel. Ma muaß den Blasebalg treten, der belüftet die Orgelpfeifen und bringt sie zum Klingen!« Gori horcht noch einmal genau auf die Melodie. »Woher da ›Teufelstanz‹ kommt, des hat mir amoi a Musiker verzählt.«

DAS »TEUFELSTANZL«

n einem abgelegenen Gasthaus in Böhmen trafen sich ein paar Männer, die der Arbeit nicht gerade hinterherliefen. Wenn sie trotz dieser Abneigung einmal etwas mit ihren Händen verdient hatten, kehrten sie am Samstag ein und blieben sitzen und sitzen, bis das Geld versoffen war. Dieser Vorgang konnte bis zum Dienstag, dem »Irda« dauern. Hocken blieben sie meist aus Gewohnheit, oft aber auch deswegen, weil ihnen die eigenen Beine zu schwer zum Aufstehen und Heimgehen waren. So versoffen diese »Blaumacher« ihren gesamten Wochenlohn, die Familien daheim mussten darben und Frau und Kinder schlugen sich vor Hunger das Kinn ans Tischeck, bis das Eck ganz rund war.

Dass der Mensch sich bei solchen Saufgelagen nicht zur Mäßigung wendet, sondern die Sitten nur allzu oft entarten, ist bekannt. Dem Teufel ist solch gotteslästerliches Treiben gerade recht und darum hielt er sich auch öfters in stinkenden, dunklen Wirtsstuben auf, um dem sündigen Treiben noch einen höllischen Schwung zu geben.

Nun geschah es einmal, dass sich unter den sauflustigen Zechern zwei Breitenberger befanden. Ganze vier Tage und drei Nächte ließen sie sich volllaufen. Am Mittwochabend endlich torkelten sie schwer beladen gegen Obernberg, den steilen Waldweg hinauf. Plötzlich vernahmen sie mitten aus dem Gehölz ein wohlvertrautes Lärmen, Schreien, Brüllen und Lachen. Die Rauschbeutel trauten ihren Augen nicht: Plötzlich stand mitten im Wald ein Wirtshaus, hell erleuchtet und zum Nähertreten einladend. Vielleicht ein Glück, dass die Heimkehrer ihr ganzes Geld bereits versoffen hatten, so blieb ihnen nichts übrig, als von außen durchs Fenster zu schauen. Drinnen saß ein Musikant in fremder Kleidung und blies in eine Sackpfeife, immer wieder die quäkenden Takte derselben Melodie. Zu diesen Klängen drehten sich schattenartige Gestalten, Frauen und Männer, trotz ihrer schemenhaften Erscheinung stampften und sprangen, juchzten und jodelten sie dazu.

Endlich fand einer der beiden Rauschbolde die Sprache wieder und fragte seinen Zechkumpanen mit schwerer Zunge:

»Da drin werd wohl a Hochzeit sei?«

»A Hochzeit?«, erwiderte der, »a Hochzeit, am Migga[4], des ko net sei! Unter der Woch wird net gheirat!«.

»Jessasmariaundjosef«, rief der Saufbruder laut, seine Knie begannen zu schlottern und beide bekreuzigten sich. Das war ihre Rettung, denn im selben Moment verschwand das Wirtshaus und wo es gestanden hatte, zeigte sich auf dem Waldboden ein großer Ring giftiger Hexenschwammerl.

Die zwei hatten Glück, dass sie das Teufelswirtshaus nicht betreten hatten, auf den Schlag waren sie nüchtern und so schnell sie konnten, eilten sie ihren armseligen Hütten zu. Der eine der Saufbrüder soll durch das Erlebnis dem Alkohol abgeschworen haben, ob der andere es ihm gleichgetan hat, ist nicht bekannt. Die Melodie vom »Teufelstanzl« ging beiden nie mehr aus dem Ohr, irgendwer hat sie dann aufgeschrieben und sie wird heut noch gespielt.

---

[4] Mittwoch

WIRTSHAUS
& SPIEL

Ich weiß gar nicht mehr, wer welche der Sagen erzählt hatte, aber so begann diese Nacht in der Wirtshausküche am Grandl. Obwohl ich mir immer noch nicht erklären konnte, wo meine beiden Gastgeber herkamen, schien es an Unterhaltung nicht zu mangeln.

»Host an Durscht?«, fragt der Gori. »Ich denk, da drüben liegen noch ein paar Flaschen Tiroler Wein. Ich könnte auch einen Schluck vertragen und die Detta mag ihn auch ganz gern.«

Ein kaltes Bier wäre mir lieber gewesen, aber der Zapfhahn schien schon seit längerer Zeit trockenzustehen. Ich gehe zu dem Holzschrank im Küchenbeck, die Flaschen sind von einer dicken Staubschicht bedeckt. Ich ziehe eine heraus, das Etikett ist mit der Hand geschrieben, die Schrift verwischt.

Ein Messer mit einem Korkenzieher habe ich immer dabei, drei kleine Gläser finden sich auch. Ich ziehe den Korken, rieche daran, einwandfrei. Ein tiefroter Lagrein fließt samtig in die Gläser. »Zum Wohlsein!« und nach einem allgemeinen Schluck: »Nicht schlecht!«

Hier kann man das Novemberwetter aussitzen und ein gemeinsames Gesprächsthema wird auch gefunden. Der Hund schlabbert geräuschvoll an einer Schüssel voll Wasser. Behaglich lehne ich mich zurück. Plötzlich hört der Hund auf zu saufen, hebt das linke Bein. Irgendwas hat seinen Wachinstinkt erregt.

Da! Das Rollen einer Holzkugel ist von draußen zu hören, der Zusammenstoß und das Fallen der Kegel folgt. Jubelrufe. Auch in der Gaststube scheinen jetzt mehr Leute zu sitzen, das Ratschengeräusch vom Mischen, Klopfen und Geben deutet darauf, dass der eilig geleerte Tisch wieder besetzt ist.

»Sind nur Spieler, wollen auch nur etwas Spaß und Freude haben.« Detta lächelt mich sehr freundlich an. »Früher ist im Wirtshaus noch viel mehr gespielt worden. Aber Vorsicht: Aus Spielen kann schnell blutiger Ernst werden!«

DIE HAZARDSPIELER

n jener Zeit, als das Geld auf dem Lande noch kein so spärlicher Gegenstand war wie heute, als mancher mit Guldenzetteln seine Zigarren anzündete und den Bombardon der Musikanten mit Talern füllte, da waren im Bayerischen Wald drei Bauern, welche, von einer unsagbaren Spielwut erfasst, sich schier jede Nacht im Wirtshaus zusammenfanden und dort spielten, bis der Morgen graute. Die Taler flogen nur so, als hätte Rothschild seinen Geldsack geborgt und nicht selten hatte einer etliche hundert Taler verspielt, wenn sie sich auf den Heimweg machten. Lange trieben sie ihr nächtliches Spiel unbelauscht. Einmal aber, die Zeiger der Uhr wiesen auf eins, pochte eine schwere Faust an die Tür. Erschrocken sprangen die drei auf und räumten hurtig Taler und Karten beiseite; dann erst öffneten sie. Draußen stand ein flotter Jägersmann. Mit spöttischem Lächeln betrachtete er vorerst die verdutzten Gesichter; dann sagte er, dass er ihnen schon längere Zeit durch eine Ritze in der Tür zugesehen habe und nun auch mit ihnen spielen wolle. Die Bauern waren einverstanden und nahmen den Fremden mit in das Wirtshaus. Hei, das war eine Ernte für unsere Waldler! Der Jäger verlor eine Handvoll Taler um die andere; aber nichtsdestoweniger behielt er seinen Gleichmut.

Stern um Stern verblich und sie spielten noch. Da fiel einem Bauern ein Taler unter den Tisch. Er bückte sich, ihn aufzuheben. Wie erschrak er, als er gewahrte, dass der fremde Jägersmann keine Füße wie wir Menschen, sondern Bockfüße hatte! In seinem Schrecken schrie er: »Der Teufel!« und stürzte zur Tür hinaus, die beiden anderen ihm nach. Eben läutete im nahen Dorfe die Kirchenglocke den Tag an. Das war ein Glück für die Bauern; denn der Teufel, der sich wirklich als Jägersmann in ihre Gesellschaft eingedrängt hatte, hätte sie ohne Zweifel mitgenommen, *würde ihn nicht die Morgenglocke überrascht und verscheucht haben.*

»Ja«, sagt der Gori, »da hat der Teufel verloren. Mir hams erzählt, wie der Teufel einmal gegen die Manner gwonnen, aber die Weiber net gnua im Aug bhaltn hat.«

In der Wirtsstube zu Patersdorf saßen eines Sonntags nachts noch vier Gäste beisammen, von denen drei aus dem Orte selbst waren, der vierte aber fremd war. Dieser Auswärtige fragte die anderen, ob sie nicht bereit wären, ein Spielchen zu machen. Sie bejahten. Aber bald war ihnen nicht mehr wohl zumute; denn sie verloren Spiel auf Spiel und nur der Fremde gewann. Das konnte unmöglich mit rechten Dingen zugehen. Da fiel einem der Spieler eine Karte unter den Tisch und als er sich bückte, gewahrte er, dass der Fremde einen Ziegenfuß hatte. Er machte seine Freunde darauf aufmerksam. Die drei Patersdorfer hielten sich schon für verloren. Sie warfen die Karten auf den Tisch und fingen an, erbärmlich um Hilfe zu schreien. Daraufhin kam die Wirtin mit der Magd zur Tür herein. Als die Magd die Ursache des Lärms sah, rief sie: »Feiglinge, warum zittert ihr? Wirtin, mir nach!« Nun stürzten die zwei Weiber wie toll auf den Teufel los und beohrfeigten ihn derart, dass er auf und davon lief, indem er schrie: »Gegen Weiber richtet der Teufel nichts aus; da heißts Reißaus nehmen!«

AS BETBÜACHE VOM TEIFI

As Betbüache vom Teifi.
As Betbüache vom Teifi
san bloß a paar Kartn,
die grad auf oan wartn.
Sie liegn aufm Tisch,
wern ausgebn und gmischt.

As Betbüache vom Teifi.
As Betbüache vom Teifi,
ja des suchn si de Leit,
die am Spuin ham a Freid
und scho bist du verführt
und am End ruiniert.

Im Betbüache vom Teifi,
ja im Betbüache vom Teifi
da hockt oana am Topf
mit zwoa Hörndl am Kopf
und die Füaß von am Bock
schaung unt ausm Rock.

Des Betbüache vom Teifi,
ja des Betbüache vom Teifi,
ja des packt di ganz wuid
und scho host du vaspuit,
erst Haus, Hof und Land
und am End no dei Gwand.

*Vom Betbüache vom Teifi,
ja vom Betbüache vom Teifi,
ja da ziagt umanand
an abscheilinga Gstank,
weil der scheißt so gern nauf
aufn allergrößtn Haufn.*

*Im Betbüache vom Teifi,
ja im Betbüache vom Teifi
san d'Manner voi Brunst
und die Weiber voi Gunst.
Da gehts kreuz und gehts quer
und aa überanand her.*

*Im Betbüache vom Teifi,
ja im Betbüache vom Teifi
konn mas Predigen hörn
vo dem finsteren Herrn
und wannst moanst, dass i spinn:
Schau, da steht oisamt drin.*

Wieder ist von irgendwoher das Rollen der Kugel vernehmbar. Der Hund knurrt leise in die Richtung, von der das Lärmen herrührt.

»Woaßt no, Detta, wia beim Wirt vo Kirchheim, im Traunkreis!«

Detta nimmt die Geschichte auf: »Das war, weil sich Gäste mit Kegelspiel unter Fluchen und Schelten bis tief in die Nacht unterhalten haben. Dem Wirt hat es gelangt, er war unterdessen schlafen gegangen. Um Mitternacht hat ihn das Rollen der Kugel aufgeweckt und die kreischenden Stimmen der Spieler. Er war sehr ärgerlich, dass gar kein Ende hergeht, ist aufgestanden, hat seinen Hund gerufen, um die liederlichen Spieler zu verjagen. Aber er hat die Kegelstatt leer vorgefunden, trotzdem immer noch das Rollen der Kugel gehört und das Fallen der Kegel.«

»Dreimal hat er die Kegelbahn ausgräuchert und mit Weihwasser besprengt, erst dann hat der Spuk ein End ghabt«, ergänzt Gori. »Zu seinem Glück, denn bei dem Lärm waar dem koa Gast bliebn!«

DAS GOLDENE KEGELSPIEL VON KRUNGL

or langer Zeit stieg der Schröfl, Wirt von Krungl, im Hinterbergertal auf den Grimming hinauf und entdeckte zu seiner Überraschung auf einer Almwiese eine Kegelbahn, auf der neun Kegel und zwei Kugeln lagen. Verwundert betrachtete er die geheimnisvolle Spielstätte, die ihm an diesem Ort vorher noch nie aufgefallen war.

»Jo«, dachte er, »so hoch hinauf steigt ja wohl kaum a Mensch, um sich hier mit Kegelscheiben die Zeit zu vertreiben. Die Kegelbahn ist wohl ganz umsonst da. Es ist sicherlich koa Sünd, wann ich mir einen Kegel mitnehm. Mein Eckkegel daheim im Wirtshaus ist eh schon ganz zerstoßen und hinüber.«

Und so nahm er einen Kegel mit, ohne etwas Schlechtes dabei zu denken oder zu beabsichtigen. Daheim angekommen legte er ihn hinter die Tür, wohin üblicherweise nach dem Spiel die Kegel gelegt wurden.

Am folgenden Tag wurde der Schröfl in aller Herrgottsfrühe durch lautes Klopfen an der Haustür aus dem Schlaf getrommelt. Er sprang eilig aus dem Bett, kleidete sich notdürftig an und öffnete dem sehr ungestümen, vermeintlichen, frühen Gast das Haustor. Wie staunte er aber, als er ein kleines Mandl, das ganz in Braun gekleidet war und einen mächtigen, weißen Bart trug, vor sich hat stehen sehen.

»Wo ist der Kegel, den du gestern auf dem Grimming droben gestohlen hast!?«, herrschte ihn das Mandl an.

»Dort liegt er. Nimm ihn, wenn er dir gehört«, antwortete der verdutzte Wirt und blickte dabei nach dem Platz, wo er den Kegel hingelegt hatte. Dort aber funkelte und glänzte jetzt ein Kegel aus reinem Gold.

Das Mandl schob den Wirt zur Seite, nahm den goldenen Kegel auf und sagte: »Dein Glück, dass du geglaubt hast, der Kegel hätt *keinen Herrn! Rühr in Zukunft oben am Grimming nie mehr was an, was nicht dein eigen ist!«* Nach diesen Worten ging das Bergmandl mit dem Kegel rasch dem Berg zu, wo es hergekommen war und der Schröfl hat es nie mehr wiedergesehen. Auch die Kegelbahn hat danach niemand mehr gefunden.

SCHAFKOPFSPRÜCH

Es kann a so saun, dass da Sau graust.
Dass da Sau graust, aso kanns fei saun.
An so am Tag jagt ma koa Sau raus.
Liaba Schafkopfa, zammklopfa,
an Tisch einihaun.

Weida und weida und weida und Spiel.
Der is beinand, des sagt mei Gfühl.
Da richtige Anzug, scho ham ma'n dawischt.
Am Friedhof liegt oana, der hat si totgmischt.

Ja der tuat weh, gell, ja den ham ma gern,
Schneider und schwarz und drei laffade Herrn.
Bist du jetzt blöd, warum schmierst denn net?
Hob i a Kappi, wo Depp draufsteht?

Es kann a so saun, dass da Sau graust.
Dass da Sau graust, aso kanns fei saun.
An so am Tag jagt ma koa Sau raus.
Liaba Schafkopfa, zammklopfa,
an Tisch einihaun.

I bin so blank wiar a Kinderpopo.
A stechats Briafal, dann ham ma di scho.
Den nackerten Zehner, den bring i nach Haus.
Und so schaut der Mensch von innen aus.

Spiel am Nil, mit Eichl und du fühlst dich wohlauf.
Mit da Blauen der Genauen[5], da Hund hockt drauf[6],
no amal schütteln, dann fallt er, der Schmerz.
Die Herren ham a Eichl, die Damen ein Herz.

Es kann a so saun, dass da Sau graust.
Dass da Sau graust, aso kanns fei saun.
An so am Tag jagt ma koa Sau raus.
Liaba Schafkopfa, zammklopfa,
an Tisch einihaun.

Schneider san aa Leut und meiner stößt besser.
Scheiß auf Paris und London is größer.
Bock von hinten, da sam ma scho frei.
Der sticht beim Hennaloch aa no ei.

Wenn er gang, gang er, aber der geht ned.
Farb, mit der langa, aber der kommt z'spät,
achtafuchzig, sechzig und drüber und aus.
Da Oide gibt die letzte – morgn früah müaß ma naus.

---

[5] »Die Blaue – die Genaue (mit der Mannschaftsaufstellung)« wurde in den 1960er-Jahren vor dem Grünwalder Stadion verkauft und zählte in vordigitalen Zeiten zu den schnellsten und aktuellsten Printmedien der Welt!
[6] Auf der Schellnsau hockt er, da Hund.

MORD & TOTSCHLAG

Aus der Wirtsstube hört man noch ein anschwellendes Lärmen voller Leidenschaft, dumpfe Schläge sind zu vernehmen, das Klopfen von schweren Händen auf die Ahorntischplatte dringt herüber. Dann trennen sich die Emotionen in wild verzweifeltes Fluchen und orgiastische Schreie, jubilierende Männerlust und tiefe Verzweiflung mischen sich zum Finale eines Kartenspiels, dann Stille: Die Kartenspielerrunde ist verschwunden.

»Es ist gut, wenn sich Männer beim Spiel austoben, dann kann nicht mehr passieren.« Detta verdreht ein wenig theatralisch ihre Augen.

»Ah geh, so schlimm san mir doch aa net, oder?« Gori erspart mir einen eigenen Kommentar.

Seit das Kartenspiel geendet hat, herrscht im Gastraum Ruhe. Eine Tür knarzt kaum hörbar in den ausgeleierten Angeln. Vor dem Haus ist es mit einem Mal windstill geworden. Dunkelheit und Eisesstille liegen plötzlich wie ein erdrückendes Federbett über der Szenerie.

Wirkliche Stille kann der Mensch genauso schlecht ertragen wie infernalischen Lärm. Wenn plötzlich das Rauschen des Blutes in den Adern hörbar wird, weil außerhalb deines Körpers nur noch Lautlosigkeit herrscht, dann gehen alle Sinne in den Zustand höchster Anspannung über.

Ist da von draußen ein leises, fernes Klagen zu vernehmen? Zieht ein flüsternder Zug vorüber, mit gedämpften, schleifenden Schritten?

»Des san die Seelen von denen, die gewaltsam zu Tode gekommen sind«, raunt mir das Grandlmandl zu. »Aber koa Angst: Sie können uns nichts mehr tun!«

»Aber was haben diese armen Seelen mit dem Wirtshaus zu tun?«

»Es ist wie überall auf der Welt!« Detta seufzt und blickt mich bedeutungsvoll an. »Das Gute und das Böse liegen oft nahe beisammen, stecken in ein und demselben Menschen. Die vertrauensvolle Geselligkeit und die gemeine Schlechtigkeit wohnen Tür an Tür!«

»Immer scho hats Wirtshäuser gebn, wo Menschen neiganga, aber gar nia mehr rauskemma san«, ergänzt Gori.

DIE MORDHÜTTE

üdlich vom Tiroler Inntal, wo es ins liebliche Vinschgau hinübergeht, zwischen dem Finstermünzpass und dem Reschenpass, liegt das Dorf Nauders. Oberhalb des Ortes, auf dem alten Handelsweg der Passhöhe zu, stand vor ungefähr dreihundert Jahren ein Wirtshaus. In den warmen Monaten war es gut besucht. Säumer, Händler und Handwerker gingen hinüber und herüber, der Wirt hatte mehrere Dienstboten und auch eine Anzahl eigener Kinder. Länger als eine Nacht blieb aber kaum jemand in diesen Gemäuern, der Wirt nahm jeden Knecht, so übel auch sein Ruf war, auf, herrschte aber wie ein Tyrann über alle Seelen im Haus. Jeder Gast war froh, wenn er den unheimlichen Ort so schnell wie möglich verlassen konnte.

Im Winter war der Übergang nicht passierbar. Das Wirtshaus stand monatelang im Schatten, eisig und unheimlich. Der viele Schnee und die damit verbundene Gefahr durch Lawinen bewegten den Wirt, seine Kinder ins Dorf hinunter zu einem Verwandten in Kost und Logis zu geben, damit sie nicht so weit in die Schule zu gehen hatten und keinen Gefahren ausgesetzt waren. So fürsorglich der Gastwirt auf der einen Seite erschien, so beängstigend war seine schwarze Seite.

Als die Kinder bei ihrem Kostherrn, der Metzger von Beruf war, eines Tages sahen, wie er ein Kalb schlachtete, sagte der kleine Knabe des Wirtes lachend: »So machts mei Votar aa mitn Leutn, die bei uns über Nacht bleiben.«

Kindesmund tut Wahrheit kund! Der Vetter erschrak zutiefst, ging auch sofort talwärts zur Gendarmerie, um das Gehörte anzuzeigen.

Die Gesetzeshüter, ohnehin in Kenntnis, dass immer wieder Reisende und Händler rätselhaft verschwunden waren, alarmierten *umgehend alle Posten. Die Gendarmen stiegen noch in der Nacht den Inn entlang im tiefen Schnee zum Pass hinauf, suchten alle Räume des Wirtshauses aus und fanden die grausame Bestätigung: Die Skelette von vierundachtzig Ermordeten lagen fein säuberlich aufgerichtet in den unterirdischen Gewölben.*

Wirt und Dienstboten, welche seine Mithelfer waren, wurden gefangen genommen, verurteilt und hingerichtet. Das Haus wurde der Erde gleichgemacht und die Güter zur Gründung eines Spitalfonds zu Nauders verwendet. Als später das jetzt stehende Wohnhaus aufgebaut wurde, fand man beim Aushub des Kellers noch weitere Menschengerippe, Knochen und Köpfe.

Kaum jemand wollte mehr den alten Weg zum Pass hinaufgehen, lange Zeit wurde der Ort gemieden, weil man mancherlei Geistergestalten und Lichtlein beobachtet haben will. Seit aber das verrufene Haus von Soldaten besetzt ist und Kanonen ringsum stehen, scheinen die Geister ausgewandert zu sein, man hat nichts mehr gesehen, oder vielmehr, es darf nichts mehr gesehen werden.

»Manches Mal entstehen die schlimmsten Verbrechen, wenn es zum Streit kommt, wenn die Ehre gekränkt ist und wenn die Liebe im Spiel ist.« Die Grandlmadam setzt sich zurecht. »Ein durchreisender Tuchhändler von Nürnberg, der die ganze Donau bis zum Schwarzen Meer auf- und abgewandert ist, der hat mir diese traurige Geschichte erzählt.

DIE DREI KOHLENBRENNER VOM DAXSTEIN

uf dem in der Nähe von Thurmannsbang gelegenen Daxstein wohnten drei Kohlenbrenner. Der Kohlenruß hatte sich in ihre Haut eingebrannt, schwarz und furchterregend sahen sie aus und hausten in einer Hütte oben neben ihrem Kohlenmeiler. Sie waren Brüder und entgegen ihrem abschreckenden Äußeren waren sie fleißig, sparsam und arbeiteten mitsammen Tag und Nacht. Sie mieden auch Trunk und Spiel und schafften auf ein sorgenloses Alter hin.

Als aber wieder einmal Kirchweih war, sprachen sie zueinander: »Lasst uns auch wieder einmal mit den anderen Burschen zusammen feiern und eine Freud haben! Nur dieses eine Mal wieder!«

So gingen sie miteinander ins Dorf zum Tanz. Kaum hatten sie sich unter die fidelen Kirchweihgäste gemischt, ging schon das Spotten und Hochschießen an.

»Habts ihr einen Schürhaken dabei zum Tanzen, weil ein Madl wird wohl nicht mit euch auf den Tanzboden gehn!«

Schallendes Gelächter machte die Runde.

»Wenns ihr kein Bier nicht vertragts, dann lasst euch eine Geißenmilli einschenken.«

Ein Dritter nahm die Klampfe von der Wand und sang beleidigende Verse gegen die drei.

Zuerst machten die Brüder gute Miene zum bösen Spiel und lachten. Dann aber gab ein Wort das andere und schließlich reichten die Worte nimmer; man schlug erst mit den Fäusten zu, schlug dann mit Stühlen und warf mit Krügen. Am Ende zog ein Köhlerbruder das Messer und stach zu. Einer der Spötter wurde tot aus dem Wirtshaus getragen. Da flohen die Kohlenbrenner und stürzten sich aus Furcht und Verzweiflung gemeinsam in einen glühenden Meiler. Seit dieser Zeit steigt an dieser Stelle ab und zu Rauch aus dem Boden auf.

»Eine traurige Geschichte«, gebe ich zu. »Es gibt aber auch Wirtshäuser, da führen die reine Habsucht, die unermessliche Gier und Bösartigkeit zu Mord und Totschlag!«

DER »FISCHERWIRT« AM MÜNCHNER VIKTUALIENMARKT

er »Fischerwirt« am Viktualienmarkt in München war in den Siebzigerjahren eine echte Absturzkneipe, eine der ersten, die damals in der »Sperrstundenzeit« frühmorgens um fünf öffnete. So war der Fischerwirt zugleich Treffpunkt der letzten Nachtschwärmer und der ersten Tagelöhner. Die Letzteren kamen direkt vom Viktualienmarkt, wo sie die Lieferungen aus der Großmarkthalle abluden und den Verdienst vom Ausladen sofort in Bier umsetzten.

Denkmalstatus erhielt der Fischerwirt durch den Monaco Franze, der nach der Trennung von seinem Spatzl dort von ihm wiedergefunden und gerettet wurde. Tief war er gesunken, tiefer gings nicht, in allen anderen Wirtschaften hatte der Franze schon Lokalverbot, nur beim »Fischerwirt« wurde er noch eingelassen. Dieses Privileg der letzten noch zugänglichen Wirtschaft hat er mit vielen anderen Stammgästen vom »Fischerwirt« geteilt. Helmut Dietl kannte das Münchner Wirtshausmilieu. Damals als langhaariger Student am Morgen den »Fischerwirt« zu betreten und ihn, ohne dass man eine »aufgestrichen« bekam, wieder zu verlassen, war ein Glücksspiel, wobei man körperlichen Auseinandersetzungen durch ein geschickt platziertes Freibier in der Regel entgehen konnte. Freigiebig war auch der Wirt, er pflegte seine Kundschaft: Wer einen Entlassungsschein aus Stadelheim vorweisen konnte, bekam von ihm eine Freimass.

Der »Fischerwirt« wurde geschlossen und aufwendig und licht

renoviert. Die Tausende Jahre Haft, die vielfältigen »Verhaltensoriginalitäten« seiner früheren Kundschaft und jede Erinnerung an seine kriminell-subkulturelle Geschichte waren ein für alle Mal verschwunden. Die Absturzboazn wurde wiedereröffnet: ein altbayerisches Speiselokal, es hieß fortan »Sedlmayr« und hatte über Nacht seine Geschichte abgestreift wie eine abgetragene Schlangenhaut. Auch sein Besitzer bürgte für Altmünchnerische Gemütlichkeit, denn niemand stellte so überzeugend wie er den braven Münchner Familienvater dar: Es war der berühmte Volksschauspieler Walter Sedlmayr. Geliebt von seinem Publikum, gefürchtet von seinen Schauspielerkollegen, gehasst von den Regisseuren.

1989 wurde die Wirtschaft wiedereröffnet und Walter Sedlmayr übertrug seinem Ziehsohn Walter Werlé die Geschäftsführung. Mit ihm kam es 1990 zu einem geschäftlichen Zerwürfnis, Sedlmayr warf ihm Betrug vor.

Am 15. Juli 1990 wurde Walter Sedlmayr ermordet in seiner Schwabinger Wohnung aufgefunden. Er war regelrecht gefoltert worden und muss vor seinem Tod unmenschlich gelitten haben. Die Auffindesituation war gestellt und sollte auf das Strichermilieu hinweisen. Durch den Mord kam auch Sedlmayrs immer verleugnete Homosexualität an die Öffentlichkeit. Für die Tat verurteilt wurden sein Ziehsohn und dessen Halbbruder.

Nichts erinnert mehr an die tragische Geschichte und an den »Fischerwirt«, diese wuide, gefährliche und unberechenbare Boazn neben Münchens nahrhaftestem Platz, dem Viktualienmarkt.

»So schlecht waren die Wirtsleute auch nicht, dass sie immer gleich Mörder waren.« Detta schüttelt ihren Kopf.»Vielleicht haben sie den Gast ein wenig übervorteilt, betrogen, beschissen, einfach über den Wirtshaustisch gezogen.«

Eine Daumenbreite unterm Strich einschenken, die Portionen etwas verkleinern oder beim Zusammenzählen versehentlich das Datum dazurechnen: Das sind durchaus kreative Betrugstechniken. Übervorteilt wurde der Gast meistens nur im Kleinen, aber:»Auch bei kleinen Mengen bleibt am Schluss was hängen!«

Außerdem: Wenn Jesus mit fünf Broten und zwei Fischen eine ganze Volksmenge ernährte, konnte ein Schankkellner durch geschickte Schaumsteuerung, hervorgerufen durch Senkbewegungen der Krüge tief unter den Zapfhahn, beim Einschenken aus hundert Litern gut und gerne hundertdreißig gefüllte Masskrüge zaubern.

Einem Wirt wird von vornherein unterstellt, dass er betrügerische Absichten hegt, weil selbst bei einem fortgeschrittenen Rausch der Gast noch ein Grundmisstrauen in sich trägt, dass er hier von dem stoisch über den Bierausfluss und den Geldrückfluss regierenden Zapfhahnkapitän übervorteilt würde.

Der wiederum muss seine Gesichtszüge beherrschen, mit gekränktem Unverständnis jeden Verdacht auf vorgeworfene Unlauterkeit zurückweisen. Vor Gericht muss er ein Portfolio an Ausreden bereithalten, die er dann mit selbstgerechter Überzeugungskraft ins Feld führen kann.

Draußen in der Wirtsstube wird mit einem Mal der Lärmpegel lauter. Erregung hat sich dort ausgebreitet, wie es scheint. Ein dumpfer Knall, »kommt ein Krügerl geflogen«, das Klirren von zerberstendem Glas ...

Die sich dort draußen aufbauende Empörung ist bis in die Kuchl hinein spürbar. Die Erregung scheint sich gegen den Wirt zu richten!»Sauhund« und ähnlich grobe Worte dringen herüber.

»Das wird sich wieder legen«, beruhigt Detta.

»Die Mass und das foische Maß, des ghört zsamm«, pflichtet ihr der Gori bei. »Des ergänzt si wia die kloana Handerl von am Bäcker und seine kloana Semmeln!«

»Und betrügerische Wirte kommen in Geschichten immer wieder vor, im Märchen vom *Tischlein deck dich* oder in Gogols *Revisor*!«

»Kommen S' rein, hier werden S' genau so bschissen wie nebenan!«, stimmte Gori seiner Frau zu.

»Auch Preiserhöhungen wurden nicht hingenommen. Aufgrund einer solchen Verteuerung der Mass um zwei Pfennige kam es 1910 zum Dorfener Bierkrieg. Die Rauferei dauerte mehrere Tage, in den Wirtschaften wurden die Fensterscheiben eingeworfen. Die Kampfhandlungen der aufgebrachten Zecher wurden nur durch kurze Andachten während des Elf-Uhr-Läutens unterbrochen.«

»Ein Wirtshaus ist immer ein Ort, wo man auf sein Eigentum achten muss. Für Garderobe wird keine Haftung übernommen!«, sagt Detta und Gori ergänzt: »Wenn man vo so böse Menschen hört, dann kann ma direkt froh sei, wenn ma einem ehrlichen Betrüger in die Händ fallt!«

SCHANKKELLNER

Wer is denn grad der Mensch dort hinterm Tisch?
Blass wiar a Schweizerkas, stumm wiar a Fisch.
Mein Gott, wer werds denn sei? Des is doch klar:
Schankkellner is er, der traurige Narr!
War jetzt in Stadelheim zwölf Tag eizwängt,
weil er halt allaweil 's Bier überschenkt.

Schankkellner, arme Hascherln,
was könnts denn ihr dafür,
dass d'Masskrüag so dumm baut san,
dass gar so treibt das Bier!
Und wenn man euch auch rädert,
vierteilt, köpft und hängt,
deswegn wern do drei Quartel nur
statt oana Mass eigschenkt.

Lassts endlich doch in Fried die armen Leit!
Hörts mit dem Frotzeln auf, seids amal gscheit!
's Eischenka lernt ma net, 's is angeborn
und an oan Schluckerl is do nix verlorn.
Kumm, tua dein Masskruag her! Schenk eahm halt nach ...
Jetzt is er gstrichen voll, hast jetz dei Sach?

Schankkellner, arme Hascherln,
was könnts denn ihr dafür,
dass d'Masskrüag so dumm baut san,
dass gar so treibt das Bier!
Und wenn man euch auch rädert,
vierteilt, köpft und hängt,
deswegn wern do drei Quartel nur
statt oana Mass eigschenkt.

BESTRAFTER GEIZ

em alten Pfund gehörte früher das Lenggrieser Wirtshaus, das heute »Beim Neuwirt« heißt. Er war ein steinreicher Mann, der nichts, aber auch gar nichts verschenkte, immer auf seinen eigenen Vorteil achtete, beim Ausschank mit dem Bier sparte und nur mit dem Schaum großzügig war.

Vor allem konnte er die herumziehenden Bettelleute nicht leiden. Er speiste die Armen mit harten Worten ab und wies sie alle von seiner Tür. Auf einmal wurde der Wirt krank und lag ein volles Jahr darnieder. Niemand kannte die Krankheit; es war gerade, als ob ihm jemand das Leben abbetete. So ging es ihm von Tag zu Tag schlechter.

Da kam eines Tages ein fremdes Weib und fragte: »Was fehlt denn eurem Herrn?« Als es von seinem Siechtum erfuhr, nickte es wissend: »Er soll die Bettler nicht mehr anfeinden und die armen Schulkinder ausspeisen, dann wird es ihm bald besser gehen.«

Widerstrebend folgten die Wirtsleute dem Rat und siehe da: Der alte Pfund wurde wieder gesund und erwarb sich im Dorf einen guten Namen bis an sein seliges Ende. Seitdem stand »Beim Neuwirt« jeden Mittag ein ganzer Tisch mit gutem Essen für die Kinder angerichtet.

DER »DONISL« ODER
»MIR HAMS INS BIER AN RAUSCH NEIDO!«

m Marienplatz stand und steht der »Donisl«, und von dieser Wirtschaft handelt die folgende wahre Geschichte:

In den Zeiten der Achtzigerjahre des letzten Jahrhunderts herrschte in München noch eine strikte Sperrstundenbeschränkung und die wenigen Wirtschaften, die nach Mitternacht noch auf hatten, waren stets gut besucht. Dazu gehörte auch der »Donisl«, ein Anlaufpunkt für Nachtschwärmer, Abgestürzte, Faschingsleichen, Nachtlieben, Schlafflüchter, Bohemiens und Rauschkugeln. Der Reiz des Verruchten lag über dem »Donisl« und dieses Flair zog unweigerlich Menschen aller Schichten an.

Dabei konnte das Haus auf eine stolze Geschichte zurückblicken: Seit 1315 wird im »Donisl« Wein ausgeschenkt, 1712 wurde die »Reale Bierwirtschaft zur alten Hauptwache« mit dem Schankrecht für Gerstensaft belohnt, ab 1775 hieß die Wirtschaft »Donisl«, benannt nach dem legendären Wirt Dionysos Härtl. Die Lage am Markt- und Schrannenplatz[7] war ein großer Vorteil: Fuhrleute, Flößer, Getreidebauern und Händler kehrten hier ein. Dieses Wirtshaus war immer eine Goldgrube.

Im Jahr 1984 war der »Donisl« noch immer eine Institution, aber nicht für jeden. Die ärmsten Wirtshausbesucher, die Noagalzuzler, kamen nicht auf ihre Kosten, denn der Wirt gönnte ihnen diese Art der Resteverwertung nicht, er selbst sammelte die Überreste aus den halbvollen Gläsern ein, kühlte sie, vermischte sie zu einer

---

[7] Alter Name für den heutigen Marienplatz, Umbenennung erst Mitte des 19. Jahrhunderts.

neuen Halbn oder neuen Mass, setzte zur Dekoration eine Krone aus frischem Schaum darauf und verkaufte die Recycling-Mass noch einmal. Damit immer genügend Restbier vorrätig war, wurde im »Donisl« sehr schnell abserviert: Eine kleine Unaufmerksamkeit und selbst halb volle Krüge trug das Personal davon. Beschwerden wurden vom Bedienungspersonal mit einem »I bring dir glei no a frische Mass!« begegnet und man erhielt dann ein »Wiedersehensbier«. Jede weitere Renitenz wurde mit einem »Hoit dei Mäui oda soi i dir oane aufstreicha?« unterbunden.

Mit dieser Herrlichkeit war es im Oktober 1984 vorbei: Achtzig Polizisten unter der Leitung von zwei Staatsanwälten nahmen den Laden buchstäblich auseinander, verhörten die hundertdreißig »Donisl«-Beschäftigten und den Geschäftsführer und brachten mehrere Bedienstete im Zeiserlwagen hinaus nach »St. Adelheim«.

Die wunderbare Biervermehrung war nur ein Teil des »Donisl«-Geschäftsmodells: Raub, Betrug, Körperverletzung und Erpressung waren die Haupteinnahmequellen. Man fand geleerte Brieftaschen, Schlüssel, Ausweispapiere, Schlagstöcke, nur Bargeld fand man nicht, das war schon längst verteilt.

War ein Gast nicht besoffen genug, um das Ausgenommenwerden willenlos über sich ergehen zu lassen, half man mit K. O.-Tropfen nach, um den arglosen Zecher ins Nirwana hinübersegeln zu lassen. All das war irgendwie in der Stadt bekannt und wurde als folkloristische Wirtschaftskultur angesehen: Der »Donisl«-Profi wusste, dass man die Hand aufs Glas halten musste, damit einem niemand einen Rausch ins Bier hineintun konnte. Außerdem hatte der »Donisl« einen Vertrauensvorsprung: Der Landesvater Franz Joseph Strauß selbst kehrte gelegentlich hier ein, die Exkaiserin Soraya von Persien drunt hatte hier verkehrt, die von Thurn und Taxis wurden schon gesehen und die Giesinger Lichtgestalt, unser Kaiser Franz, war hier auch schon leibhaftig erschienen.

Der Geschäftsführer achtete natürlich darauf, dass diesen

hohen Herrschaften nichts passierte, getreu dem Grundsatz: »Da wo ma frisst, scheißt ma net.«

Ausgangspunkt für den polizeilichen Zugriff war das Geständnis eines ehemaligen »Donisl«-Kellners, der zugegeben hatte, in der Nacht vom Rosenmontag auf den Faschingsdienstag einem Gast eine K.O.-Schorle serviert und ihn anschließend von tausendzweihundert Mark Bargeld und einer Rolex im Wert von tausendachthundert Mark befreit zu haben. Die Rolex hatte ihm dann der Geschäftsführer als Anteil abgenommen, schließlich war das Ausnehmen der Gäste Bestandteil des Arbeitsverhältnisses und wer da nicht spurte, wurde mit fristloser Kündigung bedroht. Der geständige Kellner hängte sich anschließend in seiner Zelle auf.

Die Diskrepanz zwischen dem hohen Wareneingang und der geringen Verbuchung in der Kasse wurde am Beispiel der Weißwürste vom Geschäftsführer vor Gericht damit begründet, man müsse schließlich den Verlust durch das Schwitzwasser bei den Weißwürsten abziehen.

Die nach dem »Wirtshaus im Spessart« zweitberühmteste Räuberhöhle wurde geschlossen, renoviert, und von dem »ehrenwerten« Gastronomen und Fußballpräsidenten des TSV 1860, Karl-Heinz Wildmoser, wiedereröffnet. Nach einer grundlegenden Renovierung zählt der Donisl heute wieder zu den großen, seriösen Weißwursttempeln Münchens, darf also wieder »Realwirtschaft« genannt werden. Der legendäre Ruf ist dahin. Auf der Homepage vom Donisl weist nichts mehr auf seine bewegte Geschichte hin.

ÜBERLADEN

ie folgende Geschichte erzählte ein Bierfahrer einer alteingesessenen Münchner Brauerei.

Er sei mit seinem Beifahrer frühmorgens mit dem mit Fässern und Biertragln voll beladenen Lastzug von München aus Richtung Straubing losgefahren, um dort Gastwirtschaften und Bierniederlassungen zu beliefern. Als sie Landshut hinter sich gelassen hatten und bereits der Straße nach Straubing folgten, bemerkten sie, dass ein VW-Käfer der Polizei hinter ihnen herfuhr. Der Fahrer achtete nun genau darauf, die Verkehrsregeln und die Geschwindigkeitsbegrenzungen einzuhalten, was mit einem voll beladenen Zug keine Schwierigkeit ist. Nachdem sie so ungefähr zehn Kilometer gefahren waren, schaltete das Polizeifahrzeug sein Blaulicht an, der Bierfahrer fuhr langsamer, die Polizei überholte und die rote Kelle wies ihm den Weg in eine Parkbucht. Als beide Fahrzeuge standen, stiegen die Polizisten aus, setzten die Dienstmütze auf und gingen zum Brauerei-LKW:

»Führerschein und Fahrzeugpapiere bitte!«

Der Fahrer gab die Papiere heraus. »Stimmt was net?«

»Papiere san in Ordnung, aber das Fahrzeug!«

»Wos is mit meim LKW?«

»Das Fahrzeug is überladen!«

»Überladen! Seids ihr narrisch!«

»Net so schlimm! Etwas überladen, net vui. Machens einmal hinten auf!«

Der Fahrer stieg aus und öffnete die Plane und die Klappe. Vor ihm ragten die sauber gestapelten Tragl empor.

»Da! Is doch wia immer!«

»Na!«, entgegneten die Gesetzeshüter. »Jetz siegt mas genau: A bissl z'vui Gwicht!«

Jetzt ging dem Bierfahrer ein Licht auf: »*Ja, jetz wo i genau schau, sieg i's aa!*«

Er stieg hoch auf die Ladefläche, hob zwei Tragl Bier heraus und reichte sie den freiwillig zugreifenden Schandies hinunter.

»*So, jetz passts, moan i?*«

»*Ja! Jetz is alles in Ordnung, das Gewicht ist vorschriftsmäßig. Sie können weiterfahren!*«

Der Fahrer verschloss den Hänger, die Polizisten luden das »Übergewicht« in ihr Dienstauto und beide Fahrzeuge setzten sich wieder in Bewegung. Die zwei Tragl wurden als »Haustrunk« abgeschrieben, so erzählt es der mittlerweile verrentete Bierfahrer an seinem Stammtisch.

MARTERLSPRUCH

Hier ruht der Brauer Sepp.
Gott Gnad für Recht ihm geb.
Denn viele hat, was er gemacht.
Frühzeitig in das Grab gebracht.
Da liegt er drunt, der Bierverhunzer.
Bet, oh Christ, fünf Vaterunser.

RAUFEN & RAUSCH

In der Gaststube wechselt das Grundraunen zwischen dumpfem Brüten, rechthaberischem Geschrei und schweißiger Körperlichkeit. »Baron von Rausch« hat da und dort die Saalhoheit erlangt.

Der Rausch ist der unwürdigste Zustand des Menschen. Sein größter Feind ist der fröhliche, selige Genuss, seine nachfolgenden schwarzen Betschwestern, das Lamento des Selbstmitleids und seine Nachkommen, die zerknirschte, aussichtslose Reue. Denn selbst die Reue kann es nicht mehr richten, was der Rausch davor zerstört und verrichtet hat. Der Rausch kehrt das Schlechteste im Menschen hervor, seine tiefe schwarze Seite.

»Der Rausch führt zu Schwatzhaftigkeit. Manche Verbrecher haben bei der Polizei und vor Gericht eisern geschwiegen, aber in der Trunkenheit am Wirtshaustisch sofort und lauthals all ihre Verbrechen gestanden!« Detta schüttelt den Kopf. »Warum muss man so viel trinken, bis die Würde verloren geht!«

»Um den Rausch zu erreichen, muss man den Genuss gewaltsam überwinden, muss so viel zu sich nehmen, wie man mit aller Gewalt hinunter kriegt, Leber duck dich, Kampftrinken ist angesagt, bis Zerstörung und eigene Herabwürdigung dem ein Ende setzen«, pflichte ich bei.

Auch der Hund nimmt die aufkeimende Lust an der Zerstörung wahr. Er stützt sich auf die Vorderpfoten, Ohren gespitzt, Augen hellwach, der Körper sprungbereit. Gori und

Detta hat er mittlerweile in seine Herde integriert, über die er zu wachen hat. Er ist bereit, uns zu schützen, wenn sich der Rausch in Angriffslust verwandelt.

Ein guter Wirt versucht, den Rauschigen sanft auf einen guten Ausgang hinzubewegen, doch wenn dieser auf sein Recht beharrt, dem Körper alles abzutrotzen, gibt er oft auf.

»Hob i an Rausch ois wiar a Haus, nehmts mi bein Krogn und schleppts mi zhaus«, singt Gori und lacht.

»Da musst du nicht lachen. Ein Rausch ist etwas Widerwärtiges!«, hält ihm Detta entgegen. »Selbst den vorsichtigsten Menschen, die sonst ihre Zunge immer im Zaum halten, jedes Wort dreimal hin- und herdrehen wie eine heiße Kartoffel, es dann vorsichtig halblaut herauslassen, damit sie es zur Not noch zurückholen könnten, selbst solchen bedächtigen Menschen hat der Rausch das Glück zerstört!«

DER GESCHWÄTZIGE OBERKOFLER

ie Saligen Frauen sind geheimnisvolle Wesen, die in den Gletscherregionen der Hochalpen hausen. Sie sind gutmütige Wesen, schützen die Natur und halten weiße Gamsen als Milchkühe. Es ist sogar vorgekommen, dass eine Salige einen normalen Mann geheiratet hat. Diesem hat sie aber vorher erklärt, dass er mit ihr eine außergewöhnliche Ehe eingehen würde. Er tue gut daran, Vereinbarungen mit ihr aufs Wort einzuhalten und, egal was passiert, nach außen hin nichts über die Besonderheit seiner Frau verlauten zu lassen, hierüber einfach zu schweigen.

Ein Bauer am Hof »Zum oberen Kofel« in Ulten im südlichen Tirol hatte ein Saliges Fräulein um die Ehe gefragt und erhielt nach einer Bedenkzeit auch ihre Zustimmung. Sie knüpfte jedoch eine Bedingung dran: »Du darfst niemals jemandem verraten, wo ich herkomme und niemandem das Geheimnis verraten, dass ich eine Salige bin!«

Dies versprach der Oberkofler hoch und teuer und die beiden hielten Hochzeit. Übers Jahr fand sich auch schon ein kleiner Schreihals auf dem Hofe ein und alles schien sehr gut, zumal es mit dem hoch gelegenen, schwer zu bewirtschaftenden Hof auch sonst immer besser aufwärtsging: Ein Segen lag wie ein Schutzschirm über allem, was auf dem Hof geschah.

Eines Tages aber stieg der Oberkofler, was er selten tat, ab ins Dorf, um ein Stück Vieh zu verkaufen. Der Handel war erfolgreich und man ging ins Wirtshaus, um den Kauf zu begießen. Die Gaststube war gut gefüllt, alle waren spendabel und ermunterten sich gegenseitig zum Trinken. Ein Glas Wein nach dem anderen stand da, auch der Oberkofler ließ sich nicht lumpen und zahlte eine Runde, schließlich kam der Schnaps auf den Tisch und mit »Wohlsein« und »Gsundheit« wurden die Stamperl geleert.

Irgendwann hatte der Oberkofler viel zu viel getrunken und begann, wie dies in einem solchen Zustand bei manchen Männern gern geschieht, zu prahlen. Als ihn seine Zechgenossen daraufhin reizten und auslachten, zog er seinen Trumpf und sagte: »Ihr brauchts gar net lochen! Denn i hab die schönste und vornehmste Frau weitum und wissts ihr auch warum, ihr Tröpf? Sie kommt nämlich von weit oben aus der Eishöhle unterm Ferner, weil mei Frau, die ist eine Salige!«

Daraufhin brach er auf, der Oberkofler, denn trotz seines Rausches hatte ihn eine ungute Vorahnung ergriffen.

Er stieg wohl drei Stunden steil bergauf, doch als er spätabends fast nüchtern nach Hause kam, fand er weder Frau noch Kind mehr vor. Die Wiege war leer und schon ganz ausgekühlt und auch im Herd war alles Feuer erloschen. Er ängstigte sich mehr und mehr, aber als seine Frau auch am nächsten und übernächsten Tag nicht kam, besann er sich wohl auf das, was er mit seiner Prahlerei und Schwatzhaftigkeit angerichtet hatte. Doch vergebens die Reue: Frau und Kind kamen nie mehr zurück.

VOM RECHT AUFS RAUFEN

ach einem langen Arbeitstag waren die Schwandorfer Wirtshäuser immer gut besucht. Allein am dortigen Marktplatz gab es Mitte des 19. Jahrhunderts zehn Wirtshäuser. Im Gasthaus »Zum Goldenen Kreuz« wurde trotz des heiligen Namens früher viel getanzt, aber auch kräftig gerauft.

Obwohl die Männer noch zwölf Stunden an sechs Tagen hart arbeiten mussten, hatten sie am Feierabend oder Sonntag noch die Energie, ihre Meinungsverschiedenheiten nach einigen Mass Bier körperlich zu klären.

So erschien am 4. Mai 1845 ein Herr Hitzinger beim Kreuzwirt auf dem Tanzboden. Er hatte schon einige Mass Bier getrunken und versuchte, mit anderen Burschen eine Rauferei anzuzetteln. Die wären gerne auf das Angebot eingegangen. Leider ging ihr beidseitiger Wunsch nicht in Erfüllung, weil der Stationskommandant der Gendarmerie und der Polizeidiener anwesend waren und vorsorglich zwischen die Gruppen gingen, um deren Rauflust durch unmittelbaren Zwang abzukühlen. Dieses fürsorgliche Vorgehen der Ordnungskräfte empfand der Hitzinger wohl als massiven Eingriff in seine Freiheit, als Einschränkung seiner Freizeitgestaltung, als Behinderung, seinem Namen »Hitzinger« die gebührende Ehre zu erweisen. So überschüttete er die Gendarmen mit rohestem Vokabular aus dem Fäkal- und Geschlechtsbereich.

Dazu mahnte er seine Rauflust als menschliches Grundrecht an: »Warum frag ich überhaupt einen Schwandorfer Gendarmenzipfel? Ihr könnts zu zehnt daherkommen, ihr könnts so stark sein wias wollts! Grauft wird! Grauft wird und zwar heit no, weil unser uraltes Recht lassen wir uns nicht nehmen!«

Diese Meinung wurde auch von seinen möglichen Kontrahenten mitgetragen. Da sich die Situation auf dem Tanzboden *zuzuspitzen drohte und sich der Mann nicht beruhigen ließ, blieb den Ordnungshütern nichts anderes übrig, als dem Freiheitskämpfer eine Übernachtung in einer der schönen Schwandorfer Arrestzellen zu gewähren.*

Am nächsten Tag wurde er dem Richter vorgeführt. Ihm wurden daraufhin seine Reden vom Vorabend vorgehalten und er gestand offen, er könne sich zwar nicht mehr genau entsinnen, doch habe er die Worte wohl so geäußert: »I war bsuffa wiar a Wagnscheidl und bitte um straffreie Entlassung. I hob des im Rausch gsagt und ohne eine böse Absicht von mir gegeben. Aber dass der Mensch an sich ein Recht auf eine Rauferei hat, das ist weiterhin meine unumstößliche Meinung!«

Von sich gegeben hatte der Hitzinger in der Zelle noch mehr: Der Gefängniswärter wurde hereingerufen. Er forderte für die Reinigung der Zelle und Wäsche vierundzwanzig Kreuzer, da der Inhaftierte in der Nacht alles voll gespiebn habe. Vierundzwanzig Stunden Arrest und die Tragung der Protokoll- und Atzungskosten (Verköstigung- und Arrestreinigungskosten), das war das Ergebnis des Ausflugs nach Schwandorf.

Ob der Hitzinger nach dem Strafvollzug noch eine Freiheitsmass in der Wirtschaft »Zum Wilden Mann«, die ebenfalls am Schwandorfer Marktplatz stand, zu sich genommen hat, ist zu vermuten, doch nicht eindeutig zu belegen.

DER SÄUFER IM HIMMEL

Wann i amal gstorbn sollt sei,
dann grabts mi im Keller drunt ei.
Wohl unterm Bierfass,
da hob i's gern nass,
a lustiga Friedhof waar das.

Hab gmoant i hab no an Siebna,
hab aber koan Kreuzer nimma!
Beim Wirt hinterm Ofn,
da hab i's versoffn,
des tat i meiner Lebtag nimma.

Mit'n Schreiner hab i aa scho gsprocha,
er sollt ma mei Trucha macha!
Er sollt ma's macha
und an Deckl drauf aa,
und obn drauf: trallali, trallala!

Wer werd denn mit meiner Leich geh?
Wer werd denn am Grab dortn steh?
Die Gläser, des Gschirr,
der Wein und des Bier,
d'Frau Wirtin geht aa no mit mir!

Wo kemman di Rauschign hin?
In Himmel wohl hinter de Tür!
In Himmel hinein,
wo Sankt Petrus tuat sein,
der schenkt uns a frische Mass ein.

Wia wird ma den Hunger jetz stilln?
Wia werdn ma des Bäucherl ofülln?
Ja, Knackwürst und Brot
a jeder gern hat,
da leidn ma beim Teifi koa Not.

Was ham ma denn heit für a Geld?
Wer hat denn das Sagn auf da Welt?
A gscheckerts[8] Papier,
kriagst wenig dafür,
o Herrgott, is des a Manier!

---

[8] Mehrfarbiges

ZEN ODER DIE LANGSAMKEIT DES RAUFENS

ch kam einmal um 1980 in Finsterau im hinteren Bayrischen Wald in ein Wirtshaus. Es war Sommer und selbst in diesem Eck Bayerns, wo es »a hoiberts Jahr finster, a hoiberts Jahr koid« ist, gab die gnädige Sonne, die man hier »die gelbe Sau« nannte, ein kurzes Gastspiel und kitzelte mit ihren Strahlen die »Stoapuizl« aus dem dampfenden Waldboden.

Ich hatte Durst, es gelüstete mich nach einem Weißbier und so betrat ich die Wirtschaft. Eine bleierne Ruhe lag über dem Gastraum, durch die staubigen Fensterscheiben drang weich gesiebtes Tageslicht herein. Ich setzte mich an einen Tisch, mit der Brust offen für die Gaststube, hinter mir die nahe Tür als Fluchtweg, man weiß ja nie.

Als sich meine Augen an die Dämmrigkeit gewöhnt hatten, machte ich eine kurze Bestandsaufnahme. An einem Tisch am rechten Rand saß einer, unweigerlich als Stammgast zu erkennen, an einem Tisch in der Mitte ein weiterer Stammgast, im hinteren linken Teil ein Tisch Kartenspieler, hinter dem Schanktisch der Wirt, auf den Tischen einige Dutzend entspannte Fliegen, die sich unbeeindruckt den Mist von den Vorderbeinen putzten.

Der Wirt kam gemächlich zu mir, legte mir grußlos das Bierfuizl vor und blickte mich fragend an.

»Ein Weißbier!«

Es kam auch keine Antwort, eine Drehung seines massigen Körpers vermittelte mir: »Ich habe verstanden.«

Drei Fliegen spielten um den Aschenbecher Fangamandl, eine vierte streckte tot ihre Beine in die Luft: Rauchvergiftung, vermutlich.

Die Kartenspieler spielten ruhig und emotionslos. Tiefe Friedfertigkeit lag über der Gaststube, vermeintlich.

Langsam erhob sich der links sitzende Stammgast, ging

konzentriert auf den mittleren Stammgast zu, holte aus und haute ihm ohne ersichtlichen Grund eine Watschn runter. Der Mittlere macht auch keinerlei Abwehrbewegung, er ließ die Watschn auf seine linke Backe klatschen, zuckte auch nicht zurück, spannte lediglich seine Gesichtsmuskeln an, um dem Schlag standhalten zu können. Langsam drehte sich der Watschnverteiler wieder um, ging zurück und setzte sich auf seinen Platz.

Der Wirt hatte aus den Augenwinkeln den Vorfall beobachtet, die Kartenspieler nahmen keine Notiz, nur ein kleiner Fliegenschwarm flog kurzzeitig auf und wechselte die Resopalfläche.

Langsam erhob sich der Gewatschte nun, ging ruhig zur Tür, nahm aus dem Schirmständer einen Haselnussstecken, ging zum Watscher hinüber, holte aus und zog ihm mit dem Stecken einen Schlag über den Buckel. Es war nur ein einziger Schlag, keiner mehr, ein kurzer Plumplaut verlor sich im Sommernachmittag. Wieder keine Abwehrreaktion, keine Emotion, nur der Bewegungsablauf des Ausholens, Zuschlagens, Stockzurückbringens, Wiederhinsetzens.

Erneut fiel die Szenerie in den Ruhemodus zurück, einzig unterbrochen vom quirlig-hellen Flappgeräusch des Kartenmischens. Eine Zeit lang passierte gar nichts, außer dass zwei Fliegen neben meinem Bierfuizlstapel kopulierten.

Jetzt kam der Wirt hinter dem Schanktisch hervor, packte den Watscher am Krawattl und zog ihn vom Stuhl hoch. Der machte bereitwillig mit, der Wirt ging zum Haselnusssteckenmann hinüber, packte ihn ebenfalls am Krawattl und zog ihn hoch. Auch der widersetzte sich nicht. Der Wirt bugsierte die Kontrahenten Richtung Tür, einer der Kartenspieler unterbrach sein Spiel, die Filterzigarette im Mund eilte er flink dem Wirt voran, öffnete die Wirtshaustür und ließ sie am Sperrriegel einschnappen. Durch die offene Tür warf der Wirt mit einem nicht zu heftigen Ruck die beiden Kämpfer hinaus, öffnete den Sperrhaken wieder, schloss die Tür, stellte sich vor mich und mein fast geleertes Weißbier.

»No oans?«

Ich nickte. Ein Weberknecht krabbelte langsam die Wand hoch, die spätsommerliche Langeweile spann Fäden vor die Fenster, eine Zeit lang geschah schon wieder nichts, selbst die Fliegen lagen dösend da wie alt gewordene Hunde. War das ein archaischer Watschnbaum, erwidert von einer mir unbekannten Stockkampfkunst? Welche Regeln galt es zu beachten? War es ein einstudierter Bewegungsablauf von Finsterauer Zen-Buddhisten? Gab es diesen Ritus mehrmals in dieser Gaststube oder wurde dieser Kampf nur mir, dem Fremden zu Ehren aufgeführt? War der Sinn dieser ballettartigen Bewegungsabläufe das Nichtreagieren vor dem physischen Zusammenprall von Hand und Wange, Haselnussstecken und Buckl? War es die Ruhe und Zurückhaltung in der Aggression, die hier in Meisterschaft dargeboten wurde?

Ein ganzes Weißbier lang dachte ich über diese Fragen nach, während die Zeit behäbig vorüberfloss. Ich winkte dem Wirt, zahlte und ging. Zeche und Trinkgeld wischte er mit der rechten Hand vom Tisch in die geöffnete Linke, knickte das Bierfuizl und schnippte den Fliegenkadaver gekonnt auf den Holzfußboden.

Vom Gottesacker her begann das Totenglöcklein zu läuten. Alle Fliegen versammelten sich auf dem Fußboden, hoben die dahingegangene Schwester hoch, formierten sich zu einem langen Zug und trugen die Verblichene, wie es der Brauch ist, hinüber zum Misthaufen in die ewige Fliegenglückseligkeit.

Die späte Nachmittagssonne stach mir in die Netzhaut, als ich hinaustrat. Drüben vor dem Eingang zum Friedhof standen die zwei Schattenkämpfer, sie umarmten sich, stützten sich brüderlich, verstanden sich ohne überflüssige Worte und halfen sich fast zärtlich auf ihrem gemeinsamen Weg zurück in die beschützende Höhle des Gastraums. Die meditative Kunst des Hand- und Stockkampfes, die perfekte Beherrschung des Körpers und die vollendete Einheit von Zeit, Rhythmus und Bewegung: Hier auf den Höhen des Bayerwalds habe ich ihre wahren Meister erleben dürfen.

VON DEN MASSEN

lkohol, in Maßen getrunken, kann auch in größeren Mengen nicht schädlich sein!«[9]

Die **Russenmass** besteht aus Weißbier und Zitronenlimonade. Angeblich entstand sie während der Räterevolution 1918 in München, als die roten Kämpfer den »Mathäser« beim Hauptbahnhof zu ihrem Hauptquartier erhoben. Als dort das Weißbier knapp wurde, streckte man es mit Limonade.

Die **Radlermass** besteht aus hellem Bier und Zitronenlimonade. Erfunden wurde sie vom Wirt der Ausflugsgaststätte »Kugleralm« in Deisenhofen, dem an einem hochfrequentierten Sommertag das Bier zur Neige ging. Um die Gäste bewirten zu können, streckte er das Helle zur Hälfte mit Zitronenlimonade und erfand dafür den Namen »Radlermass«.

Derselbe Wirt soll einmal, als ihm wegen miserablen Wetters am Pfingstwochenende die Gäste ausblieben, das Kreuz von der Wand gerissen und es in den bis oben gefüllten Vorratsraum geworfen haben. Dabei rief er voller Zorn: »Herrgott, wennst mir scho as Gschäft versaust, dann friss des Zeig selber!« Nachdem sein Furor verraucht war, entschuldigte sich der Wirt ganz oben mit einer gestifteten Messe.

Eine **Goaßnmass** besteht aus einem halben Liter Dunkelbier, ebenso viel Cola, einem Stamperl Weinbrand, einem Stamperl Kirschlikör und gilt als niederbayrisches Erfrischungsgetränk. Sie wird gerne als Motivation und Doping für den Fußballnachwuchs eingesetzt: »Wenns ihr am Samstag gega Hidring gwinnts, dann kriagts eier erste Goaßnmass!«

---

[9] Anderl Heckmair, Bergführer und Bezwinger der Eiger Nordwand.

Eine **Laterndlmass** besteht aus Weißwein und Zitronenlimonade, die gemischt werden. In den Masskrug wird vorsichtig ein Stamperl Kirschlikör gestellt, danach wird geschickt das Wein-Kracherl-Gemisch eingefüllt. Der aufsteigende Kirschlikör leuchtet wie eine Kerze und erweckt heimelige Gefühle. Gilt als Damengetränk.

Mass Dornkaatschorle: Ein Beleuchter, der bei Herbert Achternbuschs Filmen am Dreh arbeitete, ging am Mittag in eine ländliche Wirtschaft und bestellte bei der Bedienung mit valentinischem Humor: »A Mass Dornkaatschorle und a Tomateneis.« Die Bedienung drehte sich ungerührt um, stellte ihm nach kurzer Zeit einen vollen Masskrug – halb Dornkaat, halb Mineralwasser – auf den Tisch und sagte beiläufig: »Tomateneis is aus!«

Eine **Fernfahrermass** gilt als Auftaktsignal für eine körperliche Auseinandersetzung im Wirtshaus. Man schüttet aus etwa zwei bis drei Metern Entfernung mindestens drei Quartl dem Raufpartner ins Gesicht, um ihn zur Aufnahme von Kampfhandlungen zu motivieren. Für eine Fernfahrermass eignen sich ausschließlich alkoholhaltige Biersorten.

Die **Habermas(s)** ist eine obergärige Philosophenmass von 1968.

UNHEIMLICHES & UNWIRKLICHES

Gefahr vorüber? Mein Hund hat sich wieder flach gestreckt auf den Boden gelegt. Der Kopf liegt auf den Vorderpfoten, seine zufriedene Haltung drückt aus, dass er uns als Herde gut bewacht hat. Auch meine Gastgeber haben die Scheu vor ihm verloren. Detta ist sogar vom Herd heruntergeklettert, hat sich neben seinen Kopf gesetzt und streichelt ihn. Er dankt es mit einem zufriedenen Glückslaut und schleckt ihr die Hand. Er liegt da wie ein schwarzer Bettvorleger, trotzdem entgeht ihm nichts in unserer seltsamen Herberge, aber er hütet mich und meine Gesprächspartner, wir können uns sicher fühlen.

Da! Mit einem Mal erregt irgendetwas seine Aufmerksamkeit, der Körper spannt sich, die braunen Augen gehen umher, die Schnauze hebt sich in die Luft, ein leises Knurren warnt uns.

Da humpelt eine Kröte durch den hinteren Raum und verschwindet in einem Mauerspalt. Von oben ist das beschwörende Murmeln einer Gebetslitanei vernehmbar. Im Speicher rollt es wie von einem Schubkarren und aus dem Keller dringt ein hohes, markerschütterndes Wimmern.

»Passts auf, dass eich nix anhaucht!«, warnt uns der Gori.

»Anhaucht?«

»Ja, irgendwas geht um, da herin. Da hoaßt's, liaber aufpassn! Detta komm rauf! Im Grandl is ma sicher!«

Flink und behende klettert Detta hoch und sitzt wieder neben ihrem Mann.

»Weil des konn, wenns blöd kommt, sogar eine Trud sein!«

DIE BRÄUWIRTIN IM VILSTAL

ie Truden sind weibliche Geisterwesen, die in den Alpen, aber auch weit bis nach Niederbayern und in den Böhmerwald verbreitet sind. Sie setzen sich des Nachts Mensch und Vieh auf die Brust und sind für Ängste, Herzrasen und Albträume verantwortlich. Am Tage leben sie als ganz normale Frauen, aber in der Nacht »exkorporieren« sie, das heißt, sie steigen aus ihrem Körper und verwandeln sich in Tiere oder Geisterwesen. Manche Truden sind auch unfreiwillig zu solchen geworden, wie im Vilstal geschehen. Dort lebte eine Bauerndirn, die musste, weil man bei ihrer Taufe einen Fehler begangen hatte, nächtens als Trud »ins Drücken« gehen.

Einst nun passierte es ihr, dass sie vom Drücken erst wieder nach Hause kam, als schon der Tag angeläutet war. Zur Strafe blieb ihr nichts anderes übrig, als den ganzen Tag als Kröte zuzubringen. So hüpfte sie im Rossstall hin und her und versuchte, sich vergeblich hinter einem Rossapfel zu verbergen – aber schon trat der Rossknecht bei der Tür herein, schleuderte sie mit dem Fuße nach dem Stallburschen und sagte:

»Zertritt dös Luada!«

Zugleich warf er einen Prügel nach dem Tier und verletzte es an einem Hinterbein. Der Stallbursche aber nahm einen Besen und kehrte die Kröte mitleidig in eine Ecke.

Nach langen, langen Jahren, als der Stallbursch bereits zum kräftigen Manne herangewachsen war, kam dieser einmal im oberen Vilstale in ein Bräuhaus, seinen Hunger und Durst zu stillen. Die Brauwirtin, die etwas hinkte, kam ihm mit der größten Liebenswürdigkeit entgegen und brachte ihm Bier, Brot und Braten. Als er bezahlen wollte, lächelte sie und sagte:

»Bist nix schuldig; hast ma aa amal an guatn Deanst erwiesen.«

Sie war nämlich die Trud von damals. Diese Geschichte wirkt *bis heute nach: Seit dieser Zeit befestigen die jungen Vilstaler Burschen im Frühjahr Krötenschutzzäune entlang der Bundes- und Landstraßen, weil sie hoffen, dafür eine kostenlose Brotzeit und Freibier zu erhalten.*

DIE HEX VON DER GRUBN

m Wirtshaus an der Grubn machten nach einer alten Aufschreibung einmal eine Anzahl Burschen einen großen Lärm. Als alles Ruhebieten nichts nützte, setzte sich die Wirtin auf die Ofenbank, nahm ihren Kopf zwischen die Hände und drehte ihn auf dem Hals im Kreis herum. Sofort begann es mitten in der Stube dermaßen zu donnern, zu blitzen und faustgroße Körner zu hageln, dass alle ihr Geld auf den Tisch warfen und Reißaus nahmen.

DER KALCHMAIERWIRT IN KREMSMÜNSTER

m »Kalchmaier« in Kremsmünster ging es früher um. Wenn die Kellnerin nachts in den Keller musste, dann liefen ihr die hölzernen Teller im Vorhaus hinterher. Um Mitternacht führte ein kleines Mandl in einer Scheibtruhe[10] Mist. Um die umgehenden Unwesen zu beruhigen, brachte man in dem zumeist befallenen Hausteil Hühner unter, aber sie flatterten scheu herum, legten in all ihrer Aufregung und die Eier lagen zerbrochen auf dem Boden. In einem Zimmer stand ein langer Steintisch. Der Sohn des Hauses sah eines Tages daran eine Schublade offenstehen, die noch keiner zuvor entdeckt hatte. Die Lade war voll mit Talern. Schon wollte er danach greifen, da hörte er seine Mutter nach ihm schreien und eilte zu ihr. Sie hatte aber nicht gerufen. Als er zurückkam, war die Lade verschwunden.

Eines Tages hörte der Besitzer auf der damaligen Straße nach Kirchdorf den Postwagen vorüberrollen und eilte ihm mit einem Brief nach. Als er zur Brücke kam, war von einem Wagen nichts zu sehen und nichts zu hören.

[10] Schubkarren

DAS KOPFTUCHWEIBLEIN

in lockerer Geselle ging nachts quer durch den Friedhof hinüber ins Wirtshaus. Dort erzählte er seinen Kameraden, dass an einem Grab ein altes Weiblein gehockt sei, das auf dem Kopf ein wunderliches Tuch getragen habe. Seine Freunde neckten ihn und forderten ihn heraus, bis er auf den Friedhof hinausging, der Alten das Kopftuch abnahm und es in die Stube brachte.

Daraufhin tranken alle einen Obstler und überredeten den Burschen, der Alten ihr Eigentum zurückzubringen. Ganz wohl war ihm bei der Sache nicht, trotzdem ging er abermals hinaus. Als er neben dem Weiblein stand und ihr das Tüchl wieder auf den Kopf band, verschwand es, der Kerl aber war am Boden festgewachsen. Weil er nicht zurückkam, sahen seine Zechgesellen nach und versuchten vergeblich, ihn loszubekommen. Auch die Segensgebete und das Weihwasser des herbeigerufenen Kaplans halfen nicht. Als es dann vom Kirchturm her Mitternacht schlug, spaltete sich der Boden und verschlang den Burschen. Im selben Augenblick sah man das Weiblein mit dem Kopftuch wieder am Grab knien.

GEWEIHTES SCHIESSPULVER

inem Fuchsjäger lief einst an einem Septemberabend, viel zeitiger als gewöhnlich, ein Fuchs vor die Flinte. Das kam ihm sehr verdächtig vor. Zum Glück fiel ihm ein, dass er sein Schießpulver heimlich zur Morgenandacht mit sich genommen hatte. Er zielte, wagte den Schuss, traf aber das Tier nur ins Hinterbein. Doch sonderbar! Der Fuchs rannte, stark hinkend, davon und nahm seinen Weg talauswärts. Schnell folgte der Jäger in einiger Entfernung und schnitt sich einen Stecken ab. So ging es vorwärts bis Schnifis, wo er das Tier bei einem Wirtshaus plötzlich aus den Augen verlor. In der Gaststube brannte noch Licht, er trat ein und nahm auf der Bank Platz. Vorsichtig erwähnte er, er komme von Feldkirch, als der Wirt sich zu ihm setzte. Da erzählte ihm dieser, sein Weib sei soeben in elendem Zustand aus dem Walsertale heimgekommen, schwer verletzt an einem Fuße liege sie nun krank zu Bett. Da wusste der Jäger, woran er war, stand auf und machte sich, so schnell er konnte, auf den Heimweg.

DIE UNGLÄUBIGEN BAUERN

In der Ramsau im Dachsteingebiet lebten sechs Bauern, welche die Kirche mieden, dafür aber im Wirtshaus bis tief in die Nacht zechten. In einer Nacht, als schon alles ruhig war, hörte der Wirt in der Stube ein sonderbares Klirren. Er ging hinab, fand aber niemand mehr vor, doch wiederholte sich der Lärm draußen vor dem Hause. Dort erblickte der Wirt zu seinem Schrecken den Teufel auf einem Pferdegerippe in fürchterlicher Gestalt. An einer Kette hatte er die sechs liederlichen Gäste angehängt. Der Hausherr sah noch, wie der »Gottseibeiuns« mit lautlosem Peitschenhieb das Pferdegerippe antrieb, dann schwanden ihm die Sinne. Zur selben Zeit wurde der Schmied des Ortes durch eine unerklärliche Gewalt getrieben, in die Schmiede zu gehen und sechs Paar Hufeisen mit den nötigen Werkzeugen zu nehmen. Er trat vor die Schmiede, da hielt auch schon der Teufel mit seinen sechs Opfern an. Als wenn es so sein müsste, schlug der Schmied jedem Bauern Hufeisen an die Füße.

Nachdem die Arbeit erledigt war, warf ihm der Teufel einen Geldbeutel zu und trieb dann sein Pferd gegen die Scheichenspitzebene. Dem Schmied schwanden ebenfalls die Sinne. Als er wieder zu sich kam, hatte er einen Beutel mit 12 Goldstücken neben sich liegen. In der Lade, in die er sie gab, verwandelten sie sich aber in Rossäpfel.

In derselben Nacht zog von der Scheichenspitzebene ein furchtbares Hagelwetter herab und vernichtete die Saaten in der Ramsau. Der erste Gemsjäger, der sich hinauswagte, sah in den Felsen Eindrücke wie von Pferdehufen und fand Hufeisen. Der Wirt und der Schmied starben bald darauf an den Folgen des Schreckens. Die sechs Bauern aber hat niemand mehr gesehen.

DIE VERHEXTE KELLNERIN

n Niederthei ging einmal ein Jäger am heiligen Fronleichnamstag nach der Frühmesse auf die Gamsjagd. Er musste nicht einmal weit aufsteigen, da entdeckte er schon die erste Gams. Das schöne Wild stand ganz tief herunten im Hochtal an einer Berglehne und schien aufmerksam zu ihm hinüberzuschauen. Vorsichtig, um das scheue Tier nicht zu verscheuchen, nahm er sein Gewehr, legte an, zielte und drückte ab. Aber nichts geschah. Die Gams blieb stehen, rührte sich kaum vom Fleck und schaute sich nur ein wenig um. Als der Jäger den zweiten Schuss auf die Gams getan hatte, war es wie zuvor: Sie blieb stehen, als ob nichts geschehen wäre. Da durchfuhr es den Schützen, dass irgendetwas bei diesem Tier nicht mit rechten Dingen zuging.

Sein schlechtes Gewissen begann ihn zu ermahnen, weil er an einem so hohen Festtag auf die Jagd gegangen war. Er fiel auf die Knie und versprach bei allen Heiligen, nie mehr einen Festtag auf diese Weise zu entheiligen. Außerdem gelobte er eine Wallfahrt nach Absam, um Buße zu tun.

Wie versprochen, machte er sich bald darauf auf den Weg nach Absam. Zwischen Stams und Rietz kehrte er in ein Wirtshaus am Tannrain ein. Die Kellnerin dort war überaus freundlich zu ihm und auch sehr eifrig in der Bedienung. Als er zahlen wollte, nahm sie nichts an, sondern sagte, er solle zahlen, wenn er auf der Heimreise wieder einkehre. Als der Jäger auf dem Wege von Absam zurück zum Tannrain kam, stand die Kellnerin schon in der Haustür und winkte ihm von Weitem zu. Sie gab ihm wieder zu essen und zu trinken, ohne dass er überhaupt etwas bestellt hatte, und war sehr freundlich zu ihm. Als er satt und zufrieden seine Zeche begleichen wollte, nahm sie wieder nichts an. Auf seinen unverständigen Blick hin fragte sie: »Kannst dich *noch an die geheimnisvolle Gams erinnern, die du am Feiertag hast schiaßn wolln?«*

»Wohl, aber woher woaßt jetz du von dem Fehlschuss?«, fragte der Jäger verwundert zurück.

Lächelnd erwiderte die Kellnerin: »Du hättest wohl troffn. Woaßt, die Gams bin ich selber gwesn. Zwei Schüss hab ich abhalten können. Aber wenn du noch einen dritten Schuss abgfeuert hättest, dann wärs um mich geschehn. Aber sei auch du froh, denn auch dir wärs im Leben nur noch schlecht ergangen.« Mit diesen Worten verschwand die Kellneri, und so oft der Jäger wieder in der Wirtschaft einkehrte, er sah sie nie mehr wieder. Auch die Zeche musste er fortan auf Heller und Pfennig begleichen.

DER LAUTERFRESSER
UND DIE GRÖDNER BÄRENJÄGER

er gefürchtete Zaubermeister Lauterfresser aus der Brixner Gegend konnte sich beliebig in ein Tier verwandeln und stellte in solchem Zustande oft den größten Unfug an.

Einmal verwandelte er sich in einen großen Bären und begab sich auf die Raschötzalm, wo er eine Anzahl Rinder riss und anfraß. Das aber wollten die Grödner nicht mehr länger zulassen. So haben sich die Jäger aus dem ganzen Tal zusammengetan und sind losgezogen, um den Bären zu erlegen. Als der Bär dies aber merkte, nahm er wieder seine menschliche Gestalt an und wanderte unbehelligt bergab nach St. Ulrich, wo er sich zu einem Trunk ins Wirtshaus setzte.

Nachdem die Grödner den gefürchteten Bären den ganzen Tag lang nicht zu Gesicht bekommen hatten, blieb ihnen schließlich nichts anderes übrig, als unverrichteter Dinge wieder heimzukehren und für den nächsten Tag eine noch größere Treibjagd anzusetzen. Ehe sie aber heimzu gingen, wollten sie ihren Durst und Hunger stillen. So betraten sie in St. Ulrich das Wirtshaus und bestellten sich dort eine üppige Knödelmahlzeit. Genau in dieser Gaststube saß bereits der Zauberer Lauterfresser und wartete auf die mutigen Grödner Bärenjäger.

Wie nun die Speck-, Spinat- und Kasknödel von der Küche hereinkamen, luden die Jäger den Lauterfresser ein, mit ihnen mitzuhalten. Der ließ sich das nicht zweimal sagen, setzte sich lächelnd hinzu und griff mit Glust zu. Die Jäger erzählten ihm von ihrer vergeblichen Jagd und überlegten hin und her, wo der Bär jetzt wohl umherstreife. Dieses Mal sei er ihnen noch ausgekommen, aber morgen würden sie ihn gewiss fangen oder erschießen. Einige *wollten ihn gar auch selber gesehen haben und erzählten, je länger der Abend ging, eine haarsträubende Geschichte nach der anderen.*

Der Lauterfresser lauschte vergnügt den gefährlichen Bärenabenteuern, lachte sich heimlich den Buckel voll, wünschte ihnen endlich für den nächsten Tag Weidmannsheil und ging in die Nacht hinaus. Draußen setzte er sich auf einen Geißbock, der vor der Tür angebunden war und ritt auf diesem noch schnell durch die Luft nach Innsbruck hinüber, wo noch eine Weinstube offen war.

Da kam der Pfarrer herein und sagte: »Mander, passts ihr denn gar nit auf? Wissts ihr überhaupt, dass euer Bär, hinter dem ihr her seids, hier mit euch Knödel gessen hot?«

»Kreuz-Deifl-nochamol!«, schrien sie und wollten dem Lauterfresser nach. Aber dieser war schon in einer Wolke verschwunden und sie hatten zum Schaden auch noch den Spott.

KRIEGE & LIST

»Truden und Geister, unheimliche Gestalten, Gespenster und Untote in einem Wirtshaus waren wohl oder übel zu ertragen. Meistens konnten sie einem nichts Böses antun.« Detta war wieder aus dem Grandl aufgetaucht und drüben im Gastzimmer schien sich die Stimmung beruhigt zu haben. Kaum ein Laut drang herüber.

»Man rückte zusammen, versuchte mit etwas Geweihtem, den Spuk zu bannen, suchte nach Wegen, den armen Seelen ihre Ruhe zu geben. Manchmal hats ja geholfen!«

»Schlimmer wia die bösn Geister san die Menschen gwen, wenn s' entfesselt warn, wenn der Hass aufeinander ihr Hirn vernebelt hat und wenn der Krieg ausbrocha is!«

Die schlimmsten Gäste, die bei einem Wirt einkehren konnten, waren Landsknechte, vagabundierende Soldaten und entwurzelte Söldner, die in Kriegszeiten den sonst so friedlichen Ort des Wirtshauses einnahmen. Gäste waren sie ja nicht, das Gastrecht war ihnen fremd, denn sie nahmen sich mit Gewalt, wessen sie habhaft werden konnten.

Die Stille im Gastzimmer war nun keine Stimmung der Ruhe mehr, sie war bedrohlich geworden, es war das Schweigen der Furcht. Von Ferne sind Stiefelschritte zu vernehmen, kurze Kommandos in einer unverständlichen Sprache, Eisen und Stahl klingen und kreischen und höhnisches Gelächter dringt ans Ohr.

Natürlich wittert der Hund die Gefahr. »Soldaten!«, erklärt Gori. »Zum Glück koane lebendigen! Des san de Geister vo dene, de wo koa Ruah findn!«

»Wenn die Sitten einmal verroht sind, wenn die menschlichen Schranken gefallen sind und die Scham verschwunden, wenn Misstrauen und Lügen die Hirne vernebeln, dann wird aus einem gemütlichen Wirtshaus ein Ort des Schreckens!«

»Aber manchmoi hat ma de Gwalt mit List überwinden können, leider nur manchmoi!«, bedauert Gori.

DER TOTE IM WIRTSHAUS

m Inntal, zwischen Fischbach und Flintsbach, lag die kleine Ortschaft Einöden. Es war ein bescheidener Weiler mit wenigen Bauern und Kleinhäuslern. Trotzdem hielten die Einödbewohner es für eine Ehre und Notwendigkeit, einen Wirt in ihrer Mitte zu ernähren, und so stand in der Ortsmitte zwar keine Kirche, aber ein bescheidenes Wirtshaus.

Es war im Jahre 1504, als der Bayernherzog Albrecht IV. mit seinem Vetter Ruprecht von der Pfalz den Landshuter Erbfolgekrieg führte. Sie kämpften darum, wem Niederbayern und Böhmen gehören sollte.

Albrecht hatte sich in den Bergen zur Verteidigung eingerichtet, während Ruprecht mit seinem Heer bereits bis Aibling vorgerückt war. Die von den mächtigen Herrschern geworbenen Landsknechte ließen es sich in den Inntaler Orten gut gehen. Die Bauern und Wirte mussten sie freihalten, bezahlt wurde nicht, eine Drohung mit dem Spieß und dem Dolch genügte für unentgeltliche Verköstigung. So geschah es in dieser gesetzlosen Zeit auch im Dorfwirtshaus von Einöden. Ein ganzer Haufen umherstreifender Knechte saß beim Wirt trinkend und schmausend beisammen.

Nun lag gerade ein Toter im Gasthaus. Droben in der »guten Stube« hatte man ihn eingesargt. Das hatten die Zecher erfahren und es war ihnen Anlass, sich allerlei gruselige Geschichten zu erzählen. Einer von den Burschen tat sich dabei besonders hervor und als er prahlerisch behauptete, er fürchte sich vor nichts und gar nichts, nicht einmal vor dem Teufel, da nahmen ihn seine Spießgesellen umgehend beim Wort.

»Dann kannst du uns deine Schneid gleich beweisen!«, sagte einer. »Geh hinauf in die Kammer, wo der Tote liegt, und halte Wache bei ihm!«

»Wenns weiter nichts ist«, versetzte der Angeber, *»dann will ich es gleichtun«*. Er packte seine Büchse und murmelte vor sich hin: *»Wer weiß, ob ich sie brauchen werde?«* Dann ging er hinauf zu dem Toten.

Dort zog er sich einen Hocker vor den offenen Sarg, setzte sich darauf und nahm seinen Schießprügel zwischen die Knie. Es mochte vielleicht eine Stunde vergangen sein, eine recht langweilige, wie der Totenwächter meinte. Da bewegte sich auf einmal der Dahingeschiedene. Er hob seinen Kopf, machte die Augen auf und starrte mit glasigem Blick seinen Bewacher an. Der aber schoss ihm allsogleich mitten ins Gesicht. Aber der vom Tode Erwachte fing die Kugel mit einer Hand auf und schleuderte sie dem Söldner mit solcher Wucht an den Schädel, dass dieser tot umfiel.

Die Kumpane drunten in der Wirtsstube hatten den Schuss gehört. Sie stürmten alle über die wackelige Treppe hinauf, rissen die Tür zur guten Stube auf und fanden ihren Kameraden maustot auf dem Bretterboden liegend. Der Mann aber, der im Sarg gelegen war, der war lebendig geworden und drängte sich zwischen ihnen durch zur Tür. Sie legten nun den toten Kameraden in den Sarg. Bis sie sich dann umschauten, war der lebendig Gewordene nicht mehr da. Sie suchten ihn im Haus, ums Haus herum und im Dorf, aber er blieb verschwunden.

DAS REITERLOCH

*uf dem Weg von Exing nach Rengersdorf lag linker Hand nahe der Vils ein tiefer, schwarzer Weiher mit Schilf überwachsen, von Erlen umrahmt und von einer Unmenge an Fröschen bevölkert. Ein dunkles Geheimnis liegt an diesem Ort begraben, auch wenn der frühere Tümpel heute nur noch als Vertiefung im Gelände erkennbar ist. Die Alten wissen, dass diese Stelle den Namen »Reiterloch« trägt, über die Entstehung dieses Flurnamens berichtet die folgende Sage:*

Es war in der furchtbaren Zeit, als der Dreißigjährige Krieg das Land heimsuchte, Söldner brandschatzend und raubend durch das Land zogen und eine große Not und Verzweiflung den Menschen jede Hoffnung raubte. Vor Angst verließen die Menschen Haus und Hof und versteckten sich tief in den Wäldern, um den marodierenden Banden zu entgehen.

Die Bewohner von Exing, das zwischen Straubing und Vilshofen nahe an der Vils liegt, harrten noch im Dorf aus, als plötzlich ein einzelner schwedischer Offizier hereinsprengte und an der Kirche Macht gebietend von seinem Pferd stieg. Mit bösem Blick sah er über die wehrlosen Leute hinweg, verlangte die Schlüssel der Kirche, um sie »auszunehmen« und hernach niederzubrennen, wie er höhnisch lachend ankündigte.

Den Bewohnern saß der Schrecken wie ein eisiges Tier im Nacken. Trotzdem ließen sie sich davon nicht lähmen und besannen sich auf ihre schauspielerischen Fähigkeiten.

»Am wichtigsten ist es, sich blöd stellen zu können«, diese Weisheit hatten sie verinnerlicht. So blieben sie gefasst, beruhigten das Gemüt und besannen sich auf eine List.

»Wir grüßen Euch, edler Reiter.« Unterwürfig und höflich näherten sich die Einwohner, zogen den Hut und beugten das Knie.

Der schwedische Reiter verstand zwar die Sprache nicht, nahm aber die kriechende Haltung als Zeichen der Unterwerfung an.

Schon eilte der Wirt mit einem Krug Bier herbei und der Schwede verspürte, dass ihm die Zunge auf seinem staubigen Ritt vor Trockenheit schon am Gaumen angepappt war. Der Wirt deutete ihm mit Händen und Füßen an, doch bittschön eine kleine Brotzeit im »Schlossbräu« einzunehmen, bevor er zur Tat schreite. Der Offizier ließ sich einspinnen von so viel dümmlicher Freundlichkeit und willigte gern ein. »Was solls, verschont wird eh keiner«, dachte er bei sich.

So wurde ihm das Beste vorgesetzt, was man in dieser schlechten Zeit noch im Dorf zusammenklauben konnte, und keiner wagte es, sich vor der Abgabe zu drücken. Der Kriegsmann langte kräftig zu, besonders das dunkle, selbst gebraute Bier schmeckte ihm. Als der erste Krug leer war, füllte man ihm gerne nach. Bald zeigte sich die Wirkung: Der Schwede begann zu lallen und zu torkeln. Trotzdem sprach er weiter dem kühlen Gerstensaft zu und die Exinger zeigten sich dem Gast gegenüber spendabel wie nie zuvor.

Der Schwede vergaß schließlich vollkommen, weshalb er eigentlich hergekommen war. Als es Nacht wurde, war er bereits sternhagelvoll. Er hatte von dem Starkbier, in das man jede Menge Schnaps gekippt hatte, so einen Granatenrausch, dass er nicht einmal mehr aufs Pferd steigen konnte. Man hob ihn hinauf und gab dem Gaul einen sauberen Tritt ins Hinterteil, sodass er auf dem Weg Richtung Vils aus dem Dorf stob. Die Gegend dort wurde aber immer feuchter und morastiger, der Grund ging vom Baaz ins Zähflüssige über. Noch dazu war der Flussübergang nur eine schmale Furt und der Weg dahin in der Dunkelheit leicht zu verfehlen. So kam es, wie es kommen musste: Das führerlose Pferd geriet in den baazigen Protzenweiher, sank mit seiner menschlichen Last immer tiefer und tiefer ein und musste schließlich auf dem Grund desselben verenden. Auch der Reiter, nicht bei Sinnen und angetan mit seinem schweren Brustpanzer, konnte sich nicht mehr retten und starb einen langsamen und elenden Tod.

Die arme Seele des grundschlechten Schweden findet bis heute keine Erlösung und muss als Lichtlein dort draußen in der Nacht umhergeistern. Ihrer odrahten Hinterkünftigkeit und ihrer Fähigkeit im Sichblödstellen haben die Exinger also zu verdanken, dass sie überlebten und ihr ehrwürdiges, kleines Kirchlein heute noch besitzen.

DIE ERLÖSTE HAND

uf der böhmischen Grenze, wo der Osser seine Wurzeln hat, liegt mitten im Bergwald die zerfallene Burg Bayereck. Die Schweden sollen sie ausgeraubt und abgebrannt haben, sagen die einen, der Preuß hätte es getan, meinen andere. Oberhalb des grauen Schlosses, auf der »Saueben« genannt, stand einst ein Wirtshaus. Vor langer Zeit hatten die Wirtsleute eine Kellnerin, die schickten sie einmal in den Keller hinunter, sie solle Erdäpfel holen. Im Keller drunten aber kam eine Hand aus der Wand, die hielt einen Beutel, und eine Stimme wisperte wieder und immer wieder: »Nimms, nimms!«

Die Dirn aber rannte die Treppen hinauf und die Knie zitterten ihr. Sie erzählte es ihrem Vater, der wohnte im nahe gelegenen Dorf Dörrstein in einer verfallenen Hütte. Der Vater stieg zusammen mit ihr in den Keller hinunter. Dort sah die Dirn wieder die Hand und den Beutel darin und hörte die Stimme bitten: »Nimms, nimms!« Der Vater aber sah nichts von alledem, wie sehr er auch mit dem Kienspan im Gewölbe umherleuchtete.

Da nahm die Kellnerin allen Mut zusammen, ergriff den Beutel und nahm ihn an sich. Da seufzte die Stimme erleichtert auf: »Vergelts Gott!« und die Hand war verschwunden. Der Beutel war voller schwedischem Gold und die zwei kauften sich dafür in Österreich einen schönen Bauernhof.

BRUDER KASTNER VON ALDERSBACH

s war eine der schlimmsten Heimsuchungen, die Europa erleben musste: der Dreißigjährige Krieg. Auch das niederbayerische Kloster Aldersbach mit seiner Landwirtschaft und seiner Brauerei waren betroffen. Klosterinsassen und Bauern, Frauen, Männer und Kinder waren vor den schwedischen Soldaten in die Wälder geflohen, alles zurücklassend, um das nackte Leben zu retten.

Nur einer blieb zurück. Es war der Bruder Kastner, verantwortlich für das Vieh, die Vorräte und alles, was man im Kasten verwahrte. Daher rührte auch sein Name.

Nachts leuchteten die Lagerfeuer der Schweden diesseits und jenseits der Donau. Angstvoll blickten die Menschen aus ihren Verstecken, das Vieh brüllte und den Bauern schnürte es das Herz ab.

Bruder Kastner hielt sich im Kloster versteckt, er wollte seiner Pflicht nachgehen. »Ora et labora, bete und arbeite«, so schrieb es die Ordensregel vor. Damit ihn die Schweden nicht erwischen konnten, schlich er nur im Schutze der Nacht durch die Klosterräume und Ställe, versorgte das Vieh und sah auch sonst nach dem Rechten.

Das Kloster wurde von Zisterziensern betrieben und deren Kutten waren von weißer Farbe. Die hell schimmernde Kutte war es wohl, welche die rohen, schwedischen Kriegsleute in Unruhe versetzte: Hier tauchte ein weißes Wesen im Stall auf, später in der Bibliothek und danach drüben in der Brauerei. Das konnte nicht mit rechten Dingen zugehen: ein Gespenst!

Der schwedische Kommandant, von Aberglauben und schlechten Vorahnungen ergriffen, befahl den Abzug. Aldersbach blieb verschont.

Im Aldersbacher »Bräustüberl« erinnert ein hochnotabler Stammtisch an den Bruder Kastner. Die Stammtischbrüder sollen samt und sonders etwas »auf dem Kasten« haben, so heißt es. Aber auch den zufälligen Gast, der sich in dem schweren, kühlen Gemäuer auf der Wirtshausbank eine oder zwei Mass Bier gegönnt hat, geleitet der fürsorgliche Geist des Bruders Kastner sicher auf dem Heimweg nach Haus ...

GSCHMACKIG & UNAPPETITLICH

Wirtshäuser erstellen heute Speisekarten, in denen in einem Pseudodialekt verniedlichende Apostropherl verstreut werden wie Weinberl im Guglhupf. Alle behaupten, ihre Speisen seien gschmackig, frisch und gesund und voller Röstaromen. Das kann nicht sein: Aromen haben nachgewiesenermaßen einen gasförmigen Aggregatzustand und können somit nie als resche Feststoffe am Bratgut dranhängen. Merke: Aromen sind keine »Kruste'r'l'n«!

Das Speiseangebot in den Wirtschaften früherer Zeiten war für den menschlichen Verzehr eher ungeeignet. Das Wirtshaus war für das Flüssige da und nicht für das Feste.

Gori lacht: »Manches in einem Wirtshaus is wirklich net sehr appetitlich gwen, es ist so.«

»Ich will das gar nicht hören! Bei mir war es immer sauber, reinlich. Man hat vom Fußboden essen können!« Detta schüttelt sich angewidert.

»I bin ja vui unterwegs gwen!«, sagt der Gori. »Empfindlich hat ma net sein dürfen in manche Wirtshäuser. Aa wenn vui wahrscheinlich übertrieben derzählt worden is. Horchst halt net hin, Detta!«

»Das tu ich auch nicht. Bei dem Thema tauch ich unter.« Sie gleitet ins warme Grandlwasser und legt sich entspannt zurück, den Kopf halb unter Wasser. So erspart sie sich das Kommende.[11]

---

[11] Wenn sie sich das Kommende ersparen möchten, sehr geehrte Leser*innen, blättern Sie einfach weiter.

UNAPPETITLICH BIS GSCHMACKIG

ie Luft, die einem in früheren Zeiten aus einem Wirtshaus entgegenwallte, war überwältigend. Die Menschen waren ungewaschen. Auf dem sandbestreuten Boden sammelten sich Essensreste, säuerlich kämpften verschüttetes Bier und Erbrochenes um die Duftherrschaft. Das Essen war schlecht bis ungenießbar und in der Ecke – so die Legende – saßen die Stockbiesler.

STOCKBIESLER

aren in der Regel alte Männer, die zu faul, zu schwerfällig oder »zu schlecht auf de Füaß« waren, um den Abort zu benutzen. Weil man das Bier vom Wirt eh nur ausleihen konnte, ersparten sie sich den Weg hinaus aufs Häusl zur Soachrinna, klemmten sich den Gehstock zwischen die Beine, holten ihn heraus und ließen ihr Wasserl den Stock hinab auf den gestampften Lehmboden rinnen.

BIERSCHOASS MIT DEM RADIKOPPERER

en Bierschoaß verdruckte man nicht, man hob das Gesäß und ließ dem Afterwind freien Lauf. Wenn man eine lederne Hose trug, lauschte man auf den besonders verstärkten Nachklang des Furzes, der in den festen Wänden des Kleidungsstücks widerhallte wie ein Jodler zwischen den Felsen. Die olfaktorisch-klangliche Leistung wurde von der Tischrunde anerkennend kommentiert: »Der druckt di nimma« oder »Wenns Arscherl brummt, is Herzerl gsund«. Dieses Lob konnte mit einem: »Jetzt is die Wundn wieder aufgrissn, dabei wars scho so schee vaheilt« beantwortet werden. Gegen den Rauchgestank diverser Virginias, Pfeifen oder krummer Hunde konnte sich der Geruch, das »Gschmach«, eh nicht durchsetzen.

Auch den oberen Luftdruck im Körper wurde kein nennenswerter kultureller Wiederstand entgegengesetzt. Was raus muss, musste raus, der Klang des Rülpsens wurde in ein Substantiv übergeleitet, beliebte Wörter waren »Ooopfeküacherl, Ooobstsalat oder Ooooberregierungsrat«. Der »Radikopperer« galt als sommerliche Meinungsäußerung und hatte auch bei politischen Diskussionen eine Kommentarfunktion. Körperlichen Ausdünstungen stand man in den Zeiten vor dem Rauchverbot eher unaufgeregt bis interessiert gegenüber: Wenn es außakaselte, herüberschmachelte, außaweinalte, dann war die sogenannte Lufthoheit geschmacklich heimelig definiert. Das Tiroler Lied vom »Kuhduttnmichl«, das der Weinwirt Strasser Sepp gerne zum Besten gab, beschreibt liebevoll die Nuancen verschiedener Ausdünstungen:

»Mei lederne Buxn, die freut mi net weng.
Oft moan i beim Fressen, dass i's völlig zerspreng.
Auf oamoi werd mir leicht,
's wird aa a bisserl feicht.
Ja wenns a so außaschoaselen tuat.
Sell ischt halt so sakrisch guat!«[12]

---

[12] Georg Queri: Kraftbayrisch. Erstausgabe 1912. Dort finden sich weitere geschmackvolle Strophen.

BIER UND KÖRPERFORMEN

*in Mensch, der seine Ernährung ausschließlich auf das Flüssige umgestellt hatte – Lebensmotto: »Des bissl, was i iss, konn i aa dringa« –, wurde wegen seines Grundodeurs als »Bierversitzgruam« bezeichnet. Er erarbeitete sich im Laufe seines Lebens eine Wampn, ein sogenanntes »Augustinergschwür«, und bei konsequent durchgehaltenem Lebenswandel ein Bierherz, ein immer gigantischer ausuferndes Organ in der Farbe eines zerfaserten Putzlumpens. Solch ein Herz stellte seine muskuläre Funktion angesichts der zu bewegenden überdickten Blutmengen immer mehr ein. Ein Schlagerl, wenn irgendwie möglich auf einer Wirtshausbank, erlöste den Bieromanen. Mehrere durchtrainierte Engerl hatten dann genug zu tun, seine übergewichtige Bierseele in die ewige Bierseligkeit hinüberzuwuchten.*

POST-IT®

ie Köchin einer altehrwürdigen Rosenheimer Wirtschaft schrieb um 1969 ihre Lebensmittelbestellung auf einen rechteckigen Bedienungsblock, tauchte den Zettel am Rand in die Schweinsbratensoß ein und klebte ihn so auf den Kühlschrank neben dem Lieferanteneingang. Die Ausfahrer vom Metzger und Bäcker konnten so auf einen Blick die Bestellung aufnehmen. Das vormals küchenweiße Emailblech des Kühlschranks erhielt so mit der Zeit ein soßenfarbiges Fettfurnier, das in seinen warmen Braunnuancen an Nussbaum erinnerte. Vielleicht lag in dieser Bestellform die Geburtsstunde des Post-its.

Etwa zur selben Zeit stellte Joseph Beuys zum ersten Mal in der Düsseldorfer Kunstakademie seine Fettbadewanne aus. Beuys' Badewanne wurde übrigens versehentlich von einem Wuppertaler SPD-Ortsverein von Fett und Mullbinden gereinigt und beim Straßenfest zum Gläserspülen benutzt. Über die weitere Verwendung des Rosenheimer Nussbaumkühlschranks ist nichts bekannt, auch die Nachfrage in den führenden Museen für moderne Kunst ergab kein Ergebnis.

DER HEXENSPIELMANN VON HÖTTING

n Hötting lebte einst ein armer Spielmann, der sich mit dem Geigenspiel seinen Lebensunterhalt verdiente, und wenn es hochkam, ab und zu ein Weniges zu einem Notgroschen für das Alter beiseitelegen konnte. Einmal hatte er in einem Wirtshaus bis gegen Mitternacht aufgespielt und war nun auf dem Heimweg. Unterwegs begegnete ihm eine Schar lustiger junger Frauen, die ihn gleich umringten und fragten, ob er ihnen nicht gegen gute Bezahlung noch ein Stündchen aufspielen wolle.

Der Spielmann besann sich nicht lange und willigte in das Begehren der fröhlichen Gesellschaft ein. Nun ging es unter ausgelassenen Scherzreden und übermütigem Gelächter eine gute Strecke des Wegs bis über Zirl hinaus. Zwischen Eigenhofen und Dirschenbach langten sie schließlich bei einem stattlichen Gebäude an, das der Musikant, soweit er sich erinnern konnte, bisher noch nie an dieser Stelle bemerkt hatte. Hier war das Ziel ihrer nächtlichen Wanderung erreicht.

Ein hell erleuchteter Saal nahm sie auf und ein fröhliches, übermütiges Treiben begann. Der Geiger hob zu spielen an und bald wirbelten die Paare im Kreis herum. Die schönen Frauen vergaßen auch den Spielmann nicht, schenkten ihm fleißig ein und forderten ihn auf, die vorgelegten Speisen wacker zu genießen. Das ließ sich der hungrige Musikant auch nicht zweimal sagen. Denn da gab es Eier mit Spinat, Würstel, Gebratenes und Gebackenes, sogar knusprige Krametsvögel standen auf der Tafel.

Der Spielmann geigte, aß und trank und fiedelte weiter, nebenbei stopfte er sich mit den guten Sachen alle Taschen voll, damit er auch morgen noch ein paar Leckerbissen habe.

Es wurde immer später, der Musikant war müde und matt, seine Tänze hatte er schon alle zum Besten gegeben, da dachte er *daran, sein Spiel zu beenden. Noch ein frommes Lied zum andächtigen Schluss wollte er anstimmen. Aber sowie er den ersten Bogenstrich machte, brach Knall auf Fall das prächtige Haus auseinander, alles verschwand, die Lichter erloschen und der Spielmann saß allein in finsterer Nacht auf einem nackten Felsen im Feld. Der Morgen dämmerte schon heran, Kälte und Müdigkeit krochen in seine Glieder und schließlich überfiel ihn auch noch der Hunger. Doch er hatte sich ja alle Säcke mit Leckerbissen angefüllt; mit vollen Taschen Hunger zu leiden, meinte er bei sich, sei doch nicht nötig. Aber als er seinen Vorrat hervorzog – o weh! – da waren die Eier zu Rossmist geworden und der Braten, und was er sonst noch eingesteckt hatte, zu Kuhfladen, Totengebein und hässlichen Kröten.*

Von Ekel gepackt, musste er alles von sich geben, was er bei Nacht im Hause gegessen hatte, kroch mit Mühe vom Felsen herab und kam todmüde erst bei Sonnenaufgang nach Hause.

Da kann ich auch etwas beitragen: »Immer wieder erzählt man, dass nicht nur Wirtschaften, sondern auch Menschen im Umfeld von Wirtschaften spurlos verschwinden. Im Norden von München, da wo im Herbst der Nebel nicht weicht und wie eine Milchsuppe über den Föhrenwäldern liegt, da stand einst die ›Kalte Herberge‹. Schon der Name macht einen frieren und noch mehr eine Geschichte, die sich um sie rankt.«

»ZUR KALTEN HERBERGE«

inen jungen Schullehrer aus der nahe gelegenen Stadt hat es einmal, zur Zeit des Prinzregenten und der Industrialisierung, in diese Gegend verschlagen. Bei einem Radausflug war er an der einsam gelegenen »Kalten Herberge« vorbeigekommen, ein Bier hat er sich bestellt, und danach, obwohl weder das Gasthaus noch der Wirt einen sehr vertrauenserweckenden Eindruck machten, etwas zu Essen. Als Lehrer konnte man damals nicht wählerisch sein, der Magen forderte Sättigung, und schließlich: Da Hunger treibts scho obi!

»Was gibts zum Essen«, fragte der junge Mann.

»Knöcherlsuizn!«, antwortete der Wirt.

»Sonst?«

»Nix. Mir san ja schließlich koa Speiserestaurant!«

»Friss oder stirb«, dachte sich das arme Dorfschulmeisterlein. »Gut, dann hoit a Knöcherlsuizn.«

Der Wirt kam nach geraumer Zeit zurück, einen tiefen Teller in der Hand, in dem, von zitterndem Gelee bedeckt, eine graue Fleischmasse lag.

»An recht an guadn Appetit« wünschte er und ein böses, hämisches Grinsen huschte über sein festes Gesicht.

Wenn eine Mahlzeit so beginnt, dann muss man sich zwingen, dabei zu bleiben. Auf der anderen Seite konnte ein Schullehrer nicht wählerisch sein. Er stach mit der Gabel ein Stück aus der Masse, schob es in den Mund, es schmeckte wie es aussah, schnell einen Bissen Brot dazu und das Ganze ohne viel Kauen mit einem Schluck Bier »obigschwoabt«. Auf diese Art und Weise ging die Nahrungsaufnahme zäh, aber letztendlich erfolgreich, vor sich.

Beim vierten oder fünften Bissen spürte der Lehrer ein hartes Teil zwischen Zunge und Gaumen, er holte es mit zwei Fingern heraus und nahm es in Augenschein: etwa zwei Zentimeter lang, einen

Zentimeter breit, gewölbt, hornig. Kein Zweifel, es war ein Fingernagel. Von der Schank her spähte der Wirt argwöhnisch herüber. Der Lehrer begann innerlich zu zittern wie der Suizenstand vor ihm, aber er riss sich zusammen: Jetzt nur nichts anmerken lassen! Ohne dass der Kerl drüben es sehen konnte, zog er sein Sacktuch aus der Tasche und legte es auf seinen Schoß. Scheinbar ungerührt gabelte er das nächste Fleischstück aus der Suizn, betrachtete es kurz, es sah aus wie ein Fingerglied. Dezent ließ er es ins Tuch fallen und nickte dem Wirt fast freundlich zu. Auf diese Weise aß er scheinbar weiter, entsorgte aber die Mahlzeit und sicherte damit mögliche Beweismittel.

»Zahlen!«

Der Wirt kam drohend näher. Der Lehrer warf schnell ein paar Münzen auf den Tisch. »Stimmt so!«

»Hats gschmeckt?«

»Ganz guat! Wenn ma's mag, natürlich!«

»Es geht halt nix über Hausmannskost!«

Der Lehrer flüchtete so schnell vom Ort des Geschehens wie der Teufel vor dem Weihwasser. Kaum hatte er das Weite gefunden, erbrach er seinen Mageninhalt. Schnell beruhigte er sich wieder, packte sein Velociped und raste dem nächsten Ort zu. Dem dortigen Gendarmerieposten zeigte er den grausigen Inhalt seines Taschentuchs, worauf dieser sofort eine Nachricht mit dem neumodischen Telegrafen in die Landeshauptstadt sandte.

Die anberaumte Hausdurchsuchung am nächsten Morgen bestätigte den schlimmen Verdacht: Im Garten verscharrt fand man Überreste von anderen Menschen, die Gebeine konnten sogar vermissten Personen zugeordnet werden. Der Wirt wurde verhaftet, die »Kalte Herberge« auf behördliche Anweisung sofort abgerissen.

Der Schullehrer aber hat sich fortan vegetarisch ernährt, ist zu einem Kohlrabi-Apostel geworden, wie man damals sagte.[13]

---

[13] Ein Vorfall in einem Pub mit ähnlicher Rezeptur in London inspirierte den Komponisten Stephen Sondheim zu seinem Broadway-Musical *Sweeney Todd*.

SCHIMMIWIRT

Gestern beim Schimmiwirt.
Fallarallerie –
is was passiert.
Fallerah.
Hams ma in Huat einigsoacht.
Fallarallerie.
Waar boid dawoacht.

IRISCHE ÜBERTRAGUNG

At the white horses pub.
Turaluralu –
Something happened
Yesterday.
They pissed into my hat.
Turalluraluh.
Totally wet.

DER »PULVERTURM« IN MILBERTSHOFEN

agenhafte Semmelknödel mit einem Durchmesser von zwanzig Zentimetern, dazu ein Gulasch gab es im »Pulverturm« im Münchner Norden. Der »Pulverturm« war um 1980 eine schlecht beleumundete Wirtschaft, aber die Portionen waren groß und die Essenspreise günstig. Streetworker und Bewährungshelfer gingen dort mit Jugendlichen, die Hafturlaub hatten oder die aus »St. Adelheim« entlassen worden waren, zu einem ersten Essen in Freiheit. Für die Delinquenten stellte die Küche im »Pulverturm« nach dem Knastfraß eine kulinarische Offenbarung dar.

Wie auch bei vielen anderen Wirtschaften ging vom »Pulverturm« die Sage, die Semmelknödel seien deswegen so groß, weil die Köchin nur einen Arm habe und deswegen die Knödel unter der Achsel rollte. Als Beweis dafür wurde angeführt, dass die Gäste mitunter Achselhaare im Knödelteig gefunden hätten. Beim »Pulverturm« ließ sich diese Behauptung nicht erhärten: Die stämmige Köchin hatte nachweislich zwei gesunde Arme, einen leichten Hautausschlag und ein weiches Herz für alle Gestrauchelten. Die Haare in den Knödeln stammten – wenn überhaupt nachweisbar – vom Schäferhund in der Wirtshausküche.

Schlägereien gab es im »Pulverturm« häufig, die Polizeipräsenz aber war zurückhaltend bis abwartend. Die Beamten ließen sich Zeit bei solchen Einsatzfahrten, vielleicht regelte sich die Angelegenheit ja von selber. Angeblich soll einmal eine Streife, besetzt von einem erfahrenen Kollegen und einem Berufsanfänger, zu einem Einsatz zum »Pulverturm« geschickt worden sein. Beide sind ausgestiegen, haben die Dienstmütze aufgesetzt, aber der ältere Kollege hat dem Jüngeren gesagt: »Geh du scho amoi vor. I kumm dann glei nach!«

Der junge Polizist tat wie ihm geheißen und kam auch nach

fünf Minuten deutlich ramponiert, mit abgerissenen Knöpfen und einem blauen Auge zurück.

»Is recht zuaganga?«, fragte ihn der ältere Kollege.

»Na, i bin glei drokemma«, gab der Jüngere zurück.

Die übel beleumundete Spelunke wurde dann noch eine Zeit lang als Diskothek betrieben und wich 2006 einem Gewerbegebiet.

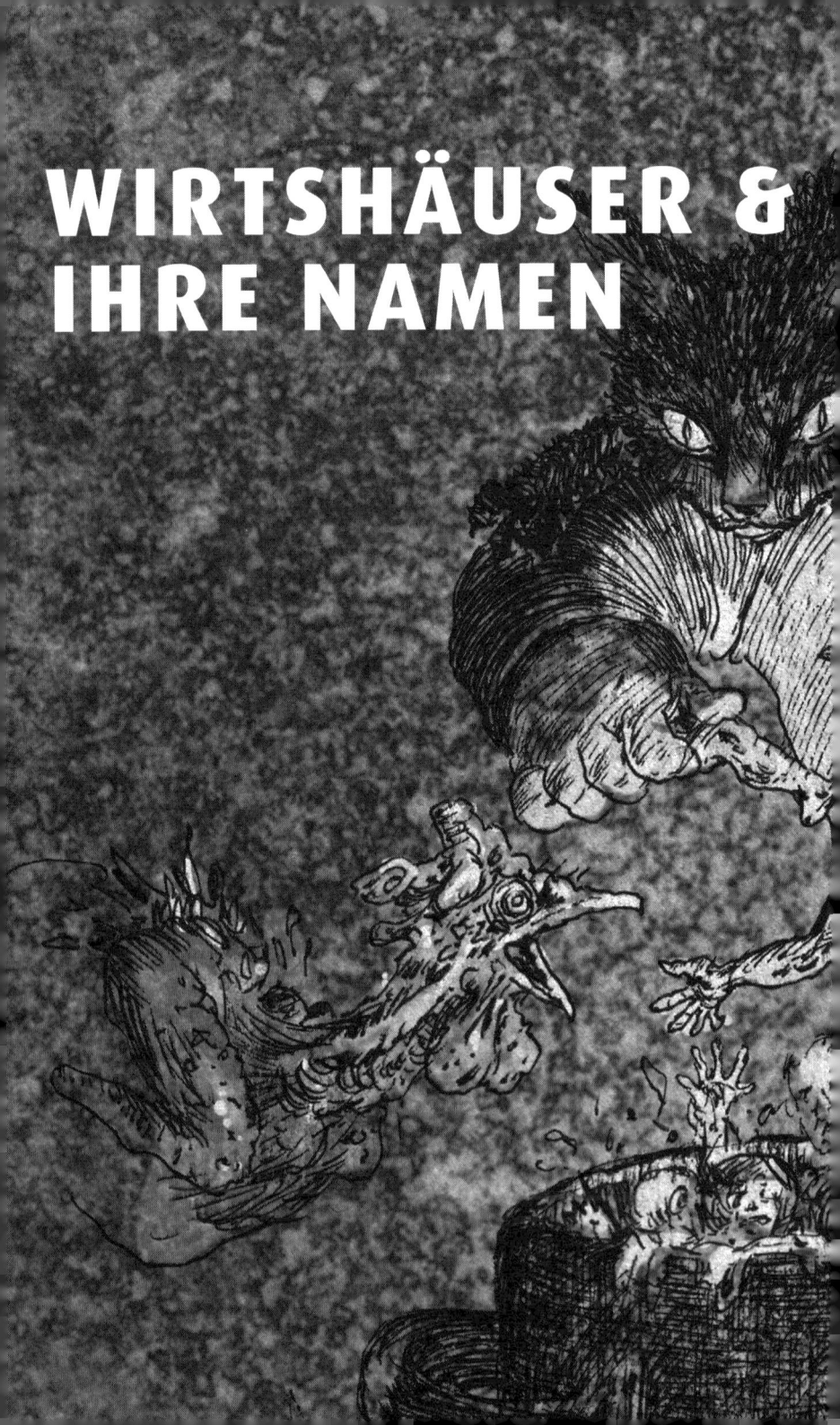

WIRTSHÄUSER & IHRE NAMEN

»Seid ihr jetzt fertig mit den unappetitlichen Sachen?« Detta erhebt ihr Haupt mit vornehmer Haltung aus dem Grandlwasser, windet ihre Haare aus und schüttelt sie. Der Hund sieht interessiert zu und schüttelt sich ebenfalls.

»Entschuldige, Schatzi! I woaß, sowas hörst du net gern! Pass auf, mir wechseln das Thema! Was mir no gar net geklärt ham, san die Namen von Wirtschaften und wo s' herkommen!«

»›Lallingerhof‹, ›Krabblergarten‹, ›Torggelstuben‹, da erklärt sich der Name von selbst!«, fällt mir ein. Gori lacht.

»Nein!«, widerspricht Detta. »Namen von Wirtshäusern gibt es zweierlei: solche, die sich über Jahrhunderte erhalten haben, aber auch Wirtschaften, die so schlecht waren, dass sie ihren Namen möglichst oft gewechselt haben.«

»Bleib ma bei dene Wirtschaften, die sich ihren Namen erhalten haben!«

DER SPRINGERWIRT ZU EFERDING BEI LINZ

ei einem Wirt in Eferding kehrte ein fröhlicher, junger Mann ein. Er nannte sich Rothart und erzählte jedem, der es wissen wollte, dass er die weite Welt durchzogen und seine Gelehrsamkeit und seine Kraft und Geschicklichkeit schon vor Kaisern und Königen gezeigt habe.

Der Wirt hörte interessiert zu und der junge Mann schlug ihm eine Wette vor: »Ich kann höher springen als dein Haus!«

»Um was soll es gehen?«, fragte der Wirt, der schon einen sicheren Gewinn sah.

»Wenn ich gewinne, dann gehört das Wirtshaus mir. Verliere ich, so zahle ich fünfzig Humpen vom besten Wein!«

Der Wirt schlug ein, die Gäste, froh über die willkommene Abwechslung, standen auf und stellten sich draußen neugierig im Kreis hin.

Rothart konzentrierte sich, spannte die Muskeln an und sprang hoch. Er kam ungefähr so hoch wie ein Wirtshaustisch und verbeugte sich wie ein großer Künstler vor den Gästen.

»Ha ha«, lachte der Wirt, er glaubte natürlich, gewonnen zu haben. »Fünfzig Humpen und du bezahlst.«

Der Fremde aber sagte ihm: »Nun sag deinem Haus, es soll auch springen! Hüpft es höher als ich, dann habe ich die Wette verloren!«

Er hatte die Lacher auf seiner Seite: »Dein Haus gehört mir!«

Der Wirt wollte davon nichts wissen und drohte mit dem Gericht, aber nach ein paar Schoppen Wein einigten sie sich gütlich. Rothart, des unsteten Lebens überdrüssig, blieb als Schankkellner beim Wirt und zog durch seine lustigen Geschichten, Lieder und Einfälle bald viele Gäste an. Als nach ein paar Jahren eine Seuche ausbrach und Rothart vom Schanktisch weg dahinraffte, trauerten ihm Wirt und Gäste aufrichtig nach. Das Wirtshaus behielt den

Namen »Zum Springerwirt«. Es soll das Baumgartnerhaus an der Springwiese zwischen der heutigen Knabenvolksschule und dem Gasthaus Pühringer gewesen sein.

DIE »BUMSN« IN SCHÄRDING

as Wirtshaus dieses Namens ist ein empfehlenswertes Speiselokal in Schärding am Inn. Der Name »Bumsn« kommt daher, dass die Bierfässer beim Anliefern in den tiefgelegenen Bierkeller mit einem dumpfen Geräusch, einem »Bumsn«, aneinandergestoßen sind.

Das Wirtshaus hat täglich von 8 bis 24 Uhr geöffnet. Manche Stammgäste behaupten, sie würden täglich 16 Stunden bumsn. Ein Schuft, der Böses dabei denkt …

»ZUM KOCH IN DER HÖLLE«

in Wirtshaus mit diesem Namen stand einst in der Sendlinger Straße in München. Dieses Haus war durch eine gemeinsame Mauer mit einem Wirtshaus in der Färbergasse verbunden, das den Namen »Himmelsschäffler« trug. So wurde es genannt, weil der Tanz der Schäffler, der nach dem Ende der Pestzeit wieder Mut und Zuversicht in die Herzen der Münchner Stadtbewohner brachte, von hier loszog. Verkürzend wurde die Wirtschaft »In Himmel« genannt. Doch die Mauern dieses Gasthauses wurden baufällig, die Verbindungsmauer stürzte ein und Schutt und Ziegel fielen auf den »Koch in der Hölle«.

Schaulustige drängten sich, um das Unglück zu begaffen und zu kommentieren. »Schaugts hi: Da Himmel is in d'Höll einigfalln«, bemerkte ein Spötter und bald lachte die ganze Stadt darüber.

DAS BRENNENDE FUHRWERK VOM ZACHERLWIRT

en Namen Zacherl sucht man heute unter den Münchner Wirtschaften vergeblich. Franz Xaver Zacherl, der nach der Säkularisation den Nockherberg erworben hatte, erarbeitete sich zu Lebzeiten durch seine Braukunst einen guten Namen: »Zacherlbräu«. Er ließ in das Isarhochufer hinein einen Lagerkeller bauen und erweiterte auch die Brauerei. Warum die Brauerei nach seinem Tod nicht unter seinem guten Namen weitergeführt wurde, ist nicht bekannt.

Den alten Zacherl aber ließ das Verschwinden seines Namens nicht ruhen: Zur Starkbierzeit, wenn der nahrhafte Sud auf dem Nockherberg ausgeschenkt wurde, begann es plötzlich im Inneren des wichtigsten Münchner Berges zu rumoren: Wie von Geisterhand öffnete sich ein längst vergessener Lagerkeller, das Wiehern von schweren Kaltblütern war zu vernehmen und das knirschende Rollgeräusch von eisenbeschlagenen Rädern auf granitenem Straßenpflaster. Aus dem Tor heraus jagte ein brennendes Brauereigespann, beladen mit rot glühenden Bierfässern. Die Pferde waren nur Gerippe und zogen doch das schwere Gefährt in einem Höllentempo dahin. Auf dem Kutschbock saß der wirr lachende Zacherl und ließ die Geißel über den Pferdegebeinen schnalzen, dass es durch die ganze Au widerhallte.

Sobald der Geisterfahrer am Krebsbauernhof vorüberfuhr, hallte aus dem alten Gemäuer eine hohle Stimme: »Xaverl, wo fahrst hi?«

Als Antwort rief der Zacherl aber nur: »Hüah, wissta und ho«, das waren die Rufe, die ein guter Fuhrknecht brauchte, um seine Pferde zu leiten. Unten am Berg angekommen, beim alten Gärkeller, schwenkte das feurige Gespann zur Seite und verschwand wieder im Höhlensystem des Nockherbergs, aus dem man es noch lange poltern und rumoren hörte.

DIE »HUNDSKUGEL«

ie war das älteste Wirtshaus in München, die »Hundskugel«, im Hackenviertel in der Hotterstraße gelegen. Erstmals urkundlich erwähnt, wurde sie im Jahre 1440. Woher der Name kam, darüber gibt es zwei Versionen: Eine Geschichte erzählt, ein Rudel Hunde habe vom Sendlinger Tor her eine schwere Kugel durch die Gassen getrieben, die Kugel sei dann dort liegen geblieben. Später sei ein Wirtshaus dort erbaut worden, dem man den Namen »Hundskugel« gegeben habe. Die andere Geschichte erklärt, an dieser Stelle sei früher das »Hundsfottbad« gestanden, eine Badeanstalt für arme Leute. Der Bader stellte nicht nur Wasser und Zuber für die Körperreinigung zur Verfügung, er führte auch Zahnbehandlungen und kleinere Operationen durch. Oft hielten sich im Bade auch die »Hübschlerinnen«, wie Prostituierte damals genannt wurden, auf und boten ihre Dienste an. Auch die zum Tode verurteilten Malefikanten durften vor der Hinrichtung noch ein Bad nehmen. Auf jeden Fall weht heute noch ein unerklärlicher kalter Windhauch um die »Hundskugel«.

1983 erwarb dann der Münchner Modezar Rudolf Mooshammer das baufällige Gebäude, rettete es vor dem Abriss und inszenierte dort märchenhafte Feste, vor allem um sich selbst. Zum Mittagessen ließ er sich mit seiner Yorkshire-Terrier-Hündin »Daisy« vom Chauffeur im Rolls-Royce vorfahren. Im zweiten Stock hatte er sich eine Wohnung mit einem vergoldeten Bad einrichten lassen, dort aber nie übernachtet, schließlich hatte sein Vorbild, der Märchenkönig Ludwig II., auch niemals eine Nacht in Neuschwanstein verbracht.

2005, nach Mooshammers Ermordung, ging es mit dem Wirtshausbetrieb bergab: 571 Jahre wurden Münchner in der »Hundskugel« bewirtet, im Jahre 2011 kam das Aus. Das Gebäude wurde in die Stiftung »Sternenstaub« übergeführt und dient seitdem als

Treff für alte, arme, kranke und einsame Menschen. Solche hatte man früher »Hundsfötte« genannt, was nicht diskriminierend war, einfach eine Bezeichnung für arme Leut mitten in einer reichen Stadt.

»ZUM NASSEN HADERN«

 n einem Gasthof in der Zieglergasse im siebenten Bezirk in Wien bediente eine Magd, die tüchtig und ehrlich war, aber wenn ihr etwas nicht gefiel, schon recht hantig werden konnte. Eines Morgens schrubbte sie gerade die Holzdielen, als drei Soldaten mit lehmigen Stiefeln die Wirtsstube betraten. Sie waren auf Krawall gebürstet und verlangten lauthals nach Bier. Da kamen sie an die Richtige! Bertha schimpfte entrüstet: »Was bildet ihr euch eigentlich ein, mit euren dreckigen Stiefeln auf meinem sauberen Boden! Außerdem ist bei uns noch geschlossen, schleichts euch!« Doch die Soldaten verteilten den Schmutz nun absichtlich in der Stube. Gleichzeitig hatten sie ihren Spaß daran, das Mädchen zu schikanieren, und jagten es durch den Raum. Da zog Bertha den Aufwischfetzen aus dem mit schmutzigen Wasser gefüllten Eimer und prügelte die Soldaten zur Tür hinaus. Triefend und fluchend suchten sie das Weite.

Als die Magd wieder in die Gaststube zurückkam, stand der Wirt in der Küchentür und lachte so herzlich, dass er kaum wieder aufhören konnte. »Gut hast du das gemacht!«, rief er und klopfte ihr auf die Schulter.

Ein paar Tage später nahm der Wirt sie an der Hand, führte sie vor die Tür und zeigte ihr das neue Wirtshausschild, das er malen hatte lassen. »Zum nassen Hadern« stand darauf geschrieben und die neugierigen Gäste ließen sich gerne erzählen, welche Bewandtnis es mit diesem Namen hatte.

*Der »**Schweizerhof**« in München hat seinen Namen von seiner ehemaligen landwirtschaftlichen Nutzung, Schweizer sind Käsesenner. Milch sucht man auf der ansonsten wohlsortierten Speise- und Getränkekarte vergebens.*

*»**Lindwurmstüberl**«: Warum mitten in der Münchner Stadt ein Lindwurm gehaust haben soll, ist nicht eindeutig herleitbar. Lindwürmer werden dort nicht mehr gegrillt, dafür aber jede Menge Hendl.*

»Es gibt ja sehr viele Namen von Wirtschaften, es gibt aber auch viele Arten von Wirtschaften, je nachdem wo sie gelegen sind und wer sie besucht hat.«

»Da hast recht, Schatzi! Beim Postwirt hat man die Pferdl von de Kutschn gwechselt und sich von den langen, unkommoden Fahrten erholt. I waar lieber z'Fuaß unterwegs oder aufm Floß. Eikehrt san mir dann beim Floßwirt!«

»Seewirtschaften oder Mühlenwirte waren immer am Wasser, und ein Bach, der neben einer Wirtschaft fließt, hat immer etwas Beruhigendes!«

»Tafernwirtschaft! Da hats immerhin was Gscheits zum Essen gebn!«, fügt Gori hinzu.

»Waldwirtschaft, Bergwirtschaft, Ausflugswirtschaft. Die gab es, als die Menschen es sich leisten konnten, in die Sommerfrische zu gehen!«

»Bei einer Grenzwirtschaft, no dazua, wenn s' ein bisserl abseits glegn is, da hat man schon oft a bsondere Kundschaft bedient: Schwirzer, so ham die Schmuggler ghoaßn, die ham so manche Grenzwirtschaft als Umschlagplatz für den illegalen Warenverkehr gnutzt.«

»Neu war der ›Schachtelwirt‹, so heißt ein amerikanischer Burgerbrater. Und Räuberwirtschaften gabs auch. In München sogar einmal eine wohltätige Räuberwirtschaft!«

WIRTSHAUS- & BIERGSCHICHTN

DASS AS WETTER SO BLEIBT.
DIE SCHMUGGLERWIRTSCHAFT AM KLOBENSTEIN

o die Tiroler Ache, von Kössen herkommend durch die Entenlochklamm nach Bayern und weiter in den Chiemsee fließt, dort befindet sich im Niemandsland zwischen Bayern und Tirol die Wallfahrtskirche »Am Klobenstein«. Man erreicht das Kircherl durch einen engen Gang, der mitten durch einen gespaltenen Felsen führt, daher der Name Klobenstein. Die Entstehung der Wallfahrtskirche geht nach einer Sage auf das Erlebnis einer Bäuerin zurück, die auf dem Weg zwischen Kössen und Schleching am Klobenstein plötzlich einen großen Felsblock von oben auf sich zustürzen sah. Die Bäuerin warf sich nieder und flehte die Muttergottes um Hilfe an. Und siehe da, das Stoßgebet wurde erhört – der Felsblock spaltete sich

in der Luft in zwei Teile, die links und rechts der Bäuerin aufprallten und liegen blieben. Mit dieser Geschichte ist auch der Name des Ortes erklärt: »Gekloben« ist ein alter Ausdruck für gespalten. Klobenstein heißt also gespaltener Felsen.

Aus dem moosig überwachsenen Kalkstein sprudelt eine Quelle, der heilwirkende Kräfte gegen Gicht und Kropfleiden zugeschrieben werden. Dort lebte ein Eremit, der selber kaum etwas vom Heilwasser getrunken haben dürfte: Er hatte nämlich sogar mehrere Kröpfe, mit denen er gerne die Kinder erschreckte.

Mit dieser Legende ist es natürlich eine Glaubenssache, ob man sie für wahr hält oder nicht. Wenn man aber an einem heißen Augusttag die angenehme Kühle in diesem engen Felsspalt verspürt und sich auf ein kühles Bier freut, dann nimmt man die Legende gerne so an, wie sie erzählt wird.

Unterhalb vom Kircherl, oberhalb des kiesigen Ufers der Tiroler Ache, befindet sich die »Wirtschaft am Klobenstein«. Durch ihre günstige Lage zwischen den Grenzen war sie schon immer ein Treffpunkt von »Schwirzern«, wie die Schmuggler – wegen ihrer geschwärzten Gesichter oder dem Broterwerb des Schwarzhandels – genannt wurden. Der genaue Grenzverlauf selber wurde der Sage nach durch ein Kartenspiel der napoleonischen Truppen festgelegt. Die Wirtschaft selbst existiert seit 1691, wie die Jahreszahl auf einer gusseisernen Herdplatte belegt.

Zwischen 1933 und 1938 war für das Schwirzen eine ganz besondere Zeit angebrochen. Um den Grenzverkehr zu unterbinden, hatte die deutsche, nationalsozialistische Regierung die »Tausendmarksperre« eingeführt. Wer als Deutscher nach Österreich ausreisen wollte, musste für tausend Mark ein Visum erwerben. Dies war eine Schikane, eine Art Schutzzoll gegen die bürgerliche österreichische Regierung, und nur wenige Urlauber konnten sich diese Ausgabe für einen Bergurlaub in Tirol leisten.

Die Grenze nach Kössen war gesperrt, aber die deutschen Urlauber und Touristen wagten sich bis zur Sperre vor, um wenigstens einen Blick nach Tirol hinüber werfen zu können. Max Hechenbacher, der Wirt vom Gasthaus Klobenstein, setzte diese Absperrung produktiv um: Genau da, wo durch einen Strich der geschlossene Übergang zwischen Deutschland und Österreich markiert war, stellte er einen Tisch auf und zwei Bänke. Auf einer Kraxe hatte er einen großen Ballon voll Tiroler Wein herbeigeschafft und ausreichend Gläser dazugestellt. Auf seiner, der Tiroler Seite, wurde der Wein eingeschenkt und dann auf dem Tisch zu den durstigen Urlaubern nach Bayern hinübergeschoben. Die Bezahlung ging umgekehrt. Der Wirt sagte, er habe nie mehr so viel Wein umgesetzt wie damals beim kleinen Grenzverkehr zur Zeit der »Tausendmarksperre«.

DAS WOHLTÄTIGE WIRTSHAUS
DER ADELE SPITZEDER

ar das ein Trubel, mitten in München am Platzl, schräg gegenüber vom »Hofbräuhaus«: Eine neue Gastronomie wurde eröffnet, aber keine für die noblen Leute, sondern eine Volksküche für die Armen, damit die sich auch einen Besuch im Wirtshaus leisten konnten. Es war der 25. September 1872, zur Eröffnung waren viertausend Gäste anwesend und ebenso viele konnten wegen Überfüllung nicht mehr eingelassen werden. Auf die Sittlichkeit und den guten Ruf der Lokalität wurde allergrößter Wert gelegt, nichts Hochprozentiges wurde ausgeschenkt und Glückspiele waren verboten. Aber Schweinsbraten, Lüngerl, Knödel und Kraut, Schweinswürstl und Bier wurden zu konkurrenzlos günstigen Preisen serviert.

Laute Hochrufe ertönten, als die Wohltäterin der Armen mit Vertretern der Geistlichkeit und Politikern der ultramontanen Partei zur Eröffnung erschien: Adele Spitzeder, Inhaberin der »Dachauer Bank«, erfolgreiche Geschäftsfrau und die gute Geldfee der Hausangestellten, einfachen Handwerker und Bauern. Sie hatten ihr voller Vertrauen ihre Ersparnisse zugetragen, hatten dafür gute Zinsen erhalten und durften, als Beweis für ihr gutes Gespür, in der Volksküche im »Orlandohaus« eine günstige Mahlzeit zu sich nehmen.

Wer aber war diese Adele Spitzeder? Sie war beileibe keine Wirtin, sie kam aus gehobenem Hause, war die Tochter des Opernsängerpaars Josef Spitzeder und seiner Frau Betty Vio. Geboren wurde sie 1832, besuchte teure Privatschulen, startete sogar in Altona zu einer erfolgreichen Bühnenkarriere, doch da sie stets mehr Geld ausgab, als sie einnahm, konnte sie diesen Erfolg gar nicht recht auskosten. Von Natur aus war sie nicht am männlichen Geschlecht interessiert, so zog sie mit ihren Begleiterinnen durch die teuren Geschäfte und verpulverte ihre Gagen mit Schnickschnack und Schabernack.

Mit sechs Hunden, einer Kaffeemaschine und einer Schachtel Zigarren kam sie mittellos aus Altona in München an. Mit ihrer Begleiterin überzeugte sie den Hotelportier, auf die Vorabzahlung zu verzichten, und mietete sich im Gasthof »Zum Goldenen Stern« ein.

Nomen est Omen: Hier begann sie ihre Karriere als Bankerin, ohne Kapital, dafür mit einer charismatischen Überzeugungskraft ausgestattet, die fremde Menschen dazu brachte, ihr voller Vertrauen die mühsam vom Munde abgesparten Notgroschen anzuvertrauen.

Einer Holzhändlerin aus der Au versprach sie zehn Prozent Zinsen für eine Einlage und zahlte die Zinsen auch sofort aus. Diese Renditehoffnung verbreitete sich wie ein Strohfeuer, die Kunden strömten zu ihr und bedrängten sie förmlich, ihr Geld anzunehmen. Die Spitzederin tat das, zahlte weiterhin sofort Zinsen aus, die sie aus den neuen Einnahmen beglich. Sie verlagerte ihr Geldgeschäft in die vornehme Kaulbachstraße, eröffnete dort ihre »Dachauer Bank« und nahm in ihrer neuen Niederlassung waschkörbeweise das Geld der Kunden in Empfang: ein klassisches Schneeballgeschäft!

Ihr Bankguthaben war mittlerweile auf geschätzte acht Millionen Gulden angewachsen, über zwanzig Mitarbeiter nahmen neue Anlagen entgegen und verteilten Freibier an die Wartenden.

Doch die Schlinge zog sich zu: Einige Vertreter der Sparkassen und liberale Journalisten überprüften ihr Geschäftsmodell und kamen zu dem Schluss, dieses Geschäft sei auf Sand gebaut und würde unweigerlich in sich zusammenstürzen.

In dieser Situation kam Frau Spitzeder auf die großartige Geschäftsidee, aus Gründen der Hebung ihres angegriffenen Leumunds ein Wohltätigkeitsprojekt zu begründen: Die Volksküche für die Armen, mitten in der Stadt, am Platzl!

Lüngerl, Kronfleisch, Kraut und Wurst wurden verabreicht, die Einnahmen konnten die Kosten nicht decken, aber die Spitzederin schoss aus dem Geld ihrer Kunden, das sich noch säckeweise in der Kaulbachstraße stapelte, zu. Die Kirche war begeistert und hielt die schützende Hand über den Engel der Armen.

Sie plante, mit dem Vermögen auch den Bau von Arbeiterwohnungen, sowie ein Unterhaltungstheater und eine Pferderennbahn einzurichten.

Der Zusammenbruch ihres Finanzimperiums vereitelte diese Pläne. Die Spitzederin wurde verhaftet, ihre Bank hinterließ einen Schuldenberg von acht Millionen Gulden, zahlreiche Gläubiger nahmen sich das Leben.

Wie alle großen Betrüger zeigte Frau Spitzeder keinerlei Selbstkritik. In ihren Memoiren schrieb sie: »Viele Leser, ja ich darf sagen die meisten, werden die Ansicht einer großen Anzahl von Juristen teilen, dass meine Verurteilung nicht gerechtfertigt war.«

In der Volksküche am Platzl
gibts kälberne Haxl
und Knödl so rund
von am dreiviertel Pfund.
Gibts Krusterl und Braten
und gsottene Wadeln
vom Ochs und vom Stier
und ein billiges Bier.

Ihr Schweinsköpf, ihr Kalbsköpf,
ihr Bierschädl, ihr Bauerntröpf,
ist das Geld auch verreckt:
Hauptsach es schmeckt.

Hoch! Hoch! Spitzederin!
Hoch! Hoch! Wohltäterin!

*Das Glück ist dir hold,
lässt dich nie im Stich,
wir kleineren Leut
glauben an Dich.*

*Wenns dunkel Bier regnet
und Schweinshaxen schneibt,
dann bitt ma die Spitzeder.*

DIE ANDECHSER BIERJUNGFRAU

m Klostergarten auf dem heiligen Berg von Andechs erscheint an bestimmten Tagen die »Andechser Bierjungfrau«. Selbige ist im oberen Teil weiblich, auf dem Kopf trägt sie bernsteinfarbenes, langes Haar in der Farbe eines obergärigen Weißbiers, das ihre bloßen Brüste weich wie ein Wellenschlag umspielt. Auch ihr Rumpf ähnelt dem der verwandten Nixen, nur die Haut ihres fischähnlichen Unterleibs erinnert an die schuppige Oberfläche einer Hopfendolde. Die Andechser Bierjungfrau, die zum Schwimmen ja nur einen gefüllten Masskrug zur Verfügung hat, ist kaum größer als ein Zeigefinger. Doch trotz dieser Zierlichkeit treibt sie allerhand Schabernack mit allzu gutgläubigen Gästen.

An einem Maifeiertag nach der Jahreswende 2000 saßen einige Studenten der Betriebswirtschaft im Andechser Biergarten beim fröhlichen Umtrunk. Da tauchte unvermittelt im Masskrug eines der Studiosi die Andechser Bierjungfrau auf, schwamm im frischgezapften Gerstensaft im Kreise herum, ließ den Schaum an ihrem Körperchen entlanggleiten, tauchte tief im Krug unter und besprizte den jungen Studiosus lachend mit Bierschaum.

Der schon leicht berauschte Student glaubte seinen Augen nicht zu trauen. »Wer bist du?«, fragte er erstaunt.

»Kennst mich nit? Ich bin die Bierjungfrau von Andechs«, gab sie lachend zurück.

»Und was tust du hier?«

»Ich schwimm hin und schwimm her und weiß dies und weiß das und weiß allerhand im Land«, erwiderte sie lachend, nahm einen Mundvoll Bier und sprühte es in einem zierlichen Bogen dem jungen Mann ins Gesicht. Dieser suchte seine Begegnung vor seinen Freunden geheim zu halten, drehte sich zur Seite und flüsterte diskret zu seiner neuen Bekanntschaft im Krug: »Was weißt du, was sonst keiner wissen kann?«

Die Bierjungfrau lachte. »Ich weiß einen Weg zum schnellen Geld und Reichtum, Herr Studiosus!« Sie tauchte wieder schaumspritzend unter und schwamm tief unten im Masskrug ein paar übermütige Pirouetten.

Ein Leuchten glomm in den Augen des Studenten auf. »Sag mir ganz leise, wie es geht«, flüsterte er und neigte sein Ohr in den Bierkrug hinein.

»Nimm all dein Geld und investier in den NDax, das rät die Bierjungfrau z'Andechs«, flüsterte die Bierjungfrau, tauchte abermals unter und verschwand auf Nimmerwiedersehen.

Unter einem Vorwand stand der junge Mann auf und fuhr umgehend nach Hause. Dort angekommen setzte er alles eigene und alles geliehene Geld, dessen er habhaft werden konnte, auf den Tipp der Meerjungfrau. Gespannt harrte er der Dinge. Aber wie groß war die Enttäuschung, als der Kurs in den nächsten Wochen und Monaten immer tiefer und tiefer in den Keller fiel und der angebliche Geheimtipp sich als riesiger Flop entpuppte. Am Ende war alles Geld zerronnen und der junge Student war ärmer als je zuvor.

Seit diesem Tag steht der junge Mann im Andechser Biergarten, sammelt halbleere Masskrüge ein, zutzelt die Noagerl und sucht nach der Andechser Bierjungfrau. Die ist seither nie wieder erschienen, doch die Geschichte vom »Andechser NDax« geht hinter seinem Rücken als Gespött von Mund zu Mund.

HARTL, DU DEPP

ie Wirtin vom »Hirschen« in der Oberpfalz lag schwerkrank darnieder. Man rechnete mit dem Schlimmsten. Sie war bereits nicht mehr ansprechbar, röchelte nur noch, es schien aufs Ende hinzugehen. Noch einmal holte man den jungen Landarzt Dr. Hartl, der besah sich die Patientin, untersuchte sie und zog eine Spritze auf.

»Wenn noch was hilft, dann das«, sagte er zu den Angehörigen, die schon mit den Rosenkränzen in der Hand um das Sterbebett standen. Mutig verabreichte der Doktor ihr das Medikament. »Entweder es wirkt schnell, oder es hilft eh nichts mehr.«

Der Arzt beobachtete die Kranke. Da, eine kleine Färbung der Wangen war zu konstatieren, der Puls normalisierte sich, der Atem wurde ruhiger und tatsächlich: Die Todgeweihte öffnete die Augen. Skeptisch blickte sie um sich und nahm ihr gewohntes Zuhause wahr, ihr Zimmer, ihre Möbel, alles am rechten Platz. Ein Blick aus dem Fenster, der Holunder stand in schönster Frühlingsblüte. Von unten aus der Wirtsstube die Gespräche und das Lachen. Um sie herum ihre Kinder mit angstvollen Augen und vor ihr dieser junge, strebsame und doch unerfahrene Doktor.

Da fuhr es aus ihr heraus: »Hartl, du Depp, gibt er mir a Spritzn, dabei war i grad jetz a so schee gstorbn!«

Und die Trauergemeinde fuhr sie etwas herb an: »Hörts auf zum Betn. Bringts ma lieber a Bier!«

Nach der Gesundung lebte die Wirtin noch sechs lange Jahre weiter.

Vor den endgültigen Abschied hat der Gott der Trinker das »Fluchtachterl« gesetzt. In irischen Kneipen ist es die »last order«, in Bayern der Außischwoaber oder die Weghoibe.

Drüben in der Gaststube verbreitet sich Aufbruchstimmung. Die unsichtbaren Gäste treten langsam den Heimweg an. Die Stimmen sind zu laut, die Gliedmaßen nur noch mit großer Konzentration kontrollierbar, der Heimweg ist für den Trunkenen die größte Herausforderung.

Der Hund ist von einem Zwischenschlaf aufgewacht, streckt sich, schüttelt sich. Fragend blickt er mich an, ob es auch nach Hause geht.

»Zur Wirtschaft hin findet man leicht. Vom Wirtshaus nach Hause ist viel schwerer!«

»Er braucht ja nur nachm Riedschimme ruafn«, meint Gori und lacht.

»Bloß nicht, wenn der ihn mitnimmt gehts ihm schlecht«, meint Detta.

»Was ist mit dem Riedschimmel?«

»Ja, wia is des gwen?«, überlegt der Gori. »Genau: Oamoi hat se a Bauer in da Wirtschaft oan ogsoffn. Schwar aufgladn is a um Mitternacht hoamgwankt. Weil eahm seine Füaß nimmer tragn wolltn, hat er gruafn: ›Wenn nur der Riedschimme kammat, dann waar i glei dahoam.‹ In dem Moment is da Riedschimme scho dagstandn und hatn mitgnomma, im Galopp durch die Luft. Aus seine Hufe is Feuer gsprungen. Bei so am Höllenritt is da Bauer schnell wieder nüchtern wordn. Gschrian hat er um Hilfe und festklammert hat er si an dem Hals vom Schimmi. Dahoam okemma hat'n der Gaul abgworfn, direkt aufn Mist, dass eahm Hören und Sehen verganga is.«

»Na, hoffentlich war ihm das eine Lehre!«, meint Detta.

DER AMPELLECKER

in Mann aus Fügen im Zillertal hatte den ganzen Tag und den Abend im Wirtshaus neben der Kirche beim Rotwein zugebracht. Er hatte sich einen kräftigen Rausch angetrunken und als er den Heimweg antrat, war ihm dieser nicht mehr so bekannt wie beim Herweg. So verpasste er den richtigen Weg, geriet irgendwie auf den Friedhof, hielt die Kirchentür für seine Haustür und wankte hinein. Jetzt dürstete es ihn nach einem letzten Schluck vom Roten und er sah den ersehnten Trunk auch schon leuchten, rubinfarben und schimmernd im Glaskrug. So eine Freud, wer hatte seinen Wunsch vorhergeahnt und den da hingestellt! So schnell es ging, torkelte er auf den ersehnten Trunk zu, hob das Weinglas mit aller Konzentration hoch, um sich einen letzten Schlummertrunk zu gönnen. Als er anzog und einen beherzten Schluck nahm, da brannte es höllisch in Mund und Rachen, er schrie laut auf und warf den Weinkrug weit von sich. Es klirrte und das Leuchten des Weins war verloschen. Verloschen im Wortsinne, denn es war das »Ewige Licht« gewesen, das die Rauschkugel für ein Weinglas gehalten hatte und das heiße Wachs hatte ihm das ganze Maul bis zum Zapferl hinten verbrannt! Lange hat man ihn nicht mehr im Wirtshaus gesehen und das Ewige Licht hat er auch ersetzt. Aber der Spott hat schnelle Flügel, das Ereignis wurde ruchbar und die Fügener werden heut noch als »Ampellecker« bezeichnet.

DER RAUSCHMEISTER

inen Fetzenrausch hatte einmal der Hausmeister vom Rosenheimer Holztechnikum, als ihn der Wirt vom »Duschlbräu« gegen Mitternacht vorsichtig auf die Straße hinausbugsierte. Der Hausmeister kam nicht weit, bald versagten ihm die Beine, eine wohlige Müdigkeit kam über ihn, er sank an einem dunklen Eck am Max-Joseph-Platz dahin und schlief ein. Das Ganze hätte bös ausgehen können – es war tiefer Winter – wenn nicht ein paar Holzkletzen (volkstümliche Bezeichnung für Studenten dieses Technikums) an der Bierleiche vorbeigekommen wären. Der Hausmeister in seinem Suri rasselte tief und war nicht wachzurütteln.

Da kamen die Holzkletzen auf eine blöde Idee: Sie »besorgten« sich leihweise einen Holzschlitten, legten den Schlafenden drauf und zogen ihn hinüber zum Kapuzinerkloster. Dort angekommen stieg einer der Burschen über die Mauer und entwendete drüberhalb eine Kutte, die zum Trocknen aufgehängt war. Ohne Gegenwehr zogen sie dem Rauschigen das klösterliche Gewand über, packten ihn unter den Achseln und trugen und schleiften ihn vor die Klosterpforte. Als der schlaftrunkene Bruder Pförtner nach längerem Läuten öffnete, erklärten die Kletzen, sie hätten diesen Mönch in solchem Zustand aufgefunden und vermuteten, er sei hinter diesen Mauern daheim.

Der Klosterbruder wollte natürlich jeden Skandal vermeiden, weckte einen weiteren Mitbruder und bedankte sich für die Diskretion. Die Klosterpforte schloss sich, der Rauschige wurde mit vereinten Kräften in eine leere Zelle verbracht und zum Ausnüchtern auf eine Pritsche gelegt.

Wie es dem Hausmeister erging, als er morgens aus seinem Rausch erwachte, darüber liegt die Kutte des Schweigens: Hat er gemeint, er sei den Säufertod gestorben und bereits im Jenseits *angelangt? Besteht der Himmel aus einer weiß gekalkten Zelle mit einem Gitterfenster? Wie ist es ihm gelungen, nachdem er erkannt hatte, dass er noch am Leben war, die Mönche zu überzeugen, dass er keiner der Ihrigen war? Welche Erklärung gab er dafür, dass er mit einem Mönchsgewand angezogen war?*

Wir wissen es nicht, angeblich soll der Hausmeister aber den »Duschlbräu«, den letzten Anker seiner Erinnerung, weiträumig gemieden haben, mindestens eine Zeit lang.

DER LIEBE AUGUSTIN

er schwarze Tod, die große allgemeine Pest, erreichte 1679 Wien und kroch im Frühjahr wie ein endzeitlicher Todeshauch von der Leopoldstadt aus in jede Gasse der Stadt. Das einzige Lied, das man in der sonst so sangeslustigen Stadt noch hören konnte, war »... dieser ist gestorben, dieser stirbt und jener wird bald sterben«. Hunderte Häuser waren bereits gesperrt und auch wenn täglich bald Tausende begraben wurden, »wuchs doch die Zahl der Infizierten in den beiden Lazaretten so groß, dass man nicht Leut genug haben konnte, die Toten unter die Erde zu bringen. Die ganze Stadt herum fast alle Lust- und Weingärten, Gassen und Straßen waren mit toten und kranken Leuten angefüllt«, so berichtet als Zeitzeuge der schlesische Rechtskandidat Johann Konstantin Feigius.

In diesem Jahr voll Trauer, Verzweiflung und Angst, angeblich am 10. September 1679, saß der stadtbekannte Volkssänger und Dudelsackpfeifer Augustin in der Schenke »Zum Roten Dachel« am Fleischmarkt. Alleine saß er da, kein anderer Gast war zu sehen, der Wirt blickte misstrauisch zu dem Kerl hinüber, servierte ihm aber trotzdem Wein und Bier, wenn auch gegen sofortige Barzahlung. Man wusste ja nie, ob einer im Trunk tot umfiel und was war dann mit der Zeche? Augustin war verzweifelt, so verzweifelt wie ein Sänger sein kann, dem alle Zuhörer wegsterben und so trank er immer noch ein Mass Weißbier hinzu, immer nachdenkend, es könne seine letzte sein. So vergingen der Tag und der Abend. Schwer rauschig war der Sänger, als er spätabends das »Rote Dachel« verließ und in die dunkle, dahinsterbende Stadt hinaustorkelte.

Was sich danach ereignete, darüber gibt es zwei Versionen: Die einen sagen, Augustin hätte sich draußen auf der Gasse niedergelegt, in die Nähe von abgelegten Dahingegangenen und *habe dort seinen Rausch ausgeschlafen. Er sei dann von den Siechenknechten gefunden und auf den Pestkarren zu den anderen Leichnamen geworfen worden. Niemand habe sich damals vergewissert, ob einer noch am Leben war oder schon hinüber. Danach habe man ihn aus der Stadt hinausgeführt und in die hierzu gemachten Gruben zu den Pesttoten geworfen.*

Die anderen erzählen, Augustin sei noch auf eigenen Füßen aus der Stadt hinausgewankt, sei in der Dunkelheit in die offene Grube gefallen und habe auf den Pesttoten liegend seinen Rausch ausgeschlafen.

Fest steht, dass Augustin am nächsten Morgen in der Grube erwachte. Kein schönes Erwachen, umgeben von Leichen, die das Martyrium der Seuche bereits hinter sich hatten. Sein Glück war, dass die Grube noch nicht ganz gefüllt und somit von den Siechenknechten nicht abgedeckt worden war. Die Grube aber war zu tief, um aus eigener Kraft herauszusteigen, und Augustin fluchte und schimpfte wie ein Bierkutscher, als er seine missliche Lage erkannt hatte. Den Dudelsack hat er dabei nie losgelassen, weil das ein echter Musikant niemals tut! Als er dann von Weitem das schleifende Geräusch des frühmorgendlichen Pestkarrens näherkommen hörte, schrie er aus Leibeskräften, um auf sich aufmerksam zu machen. Die Boandlkutschierer bemerkten ihn, legten eine Leiter hinunter und halfen ihm heraus.

Zum Glück hatte das Nachtlager in der Grube dem Augustin keinen Schaden zugefügt. Er kehrte ins »Rote Dachel« zurück und begann, sein unheimliches Erlebnis aufzuarbeiten, indem er es zu Reimen formte, niederschrieb und sich eine Melodie dazu ausdachte. So entstand das Lied vom »Lieben Augustin«.

Dass ihn der Alkohol von der Ansteckung mit der Pest bewahrt hatte, ist zu bezweifeln. Das Lied vom Augustin aber ging von Mund zu Mund, und Lachen und Mut siegte über Angst und Verzweiflung. Augustin ließ keine Gelegenheit aus, sein Erlebnis in den Wiener Schenken singend zum Ausdruck zu bringen. Jeder

Wirt war froh, weil er die Gaststuben füllte und Augustin erhielt den verdienten Musikantenlohn. Am 10. Oktober 1705 ging er als Zweiundsechzigjähriger nachts angeheitert nach seiner Wohnung im Eyßlerischen Hause auf der Landstraße, wo ihn ein Schlagerl traf.

Der liebe Augustin wurde auf dem großen Nikolai-Gottesacker (III., Augustinerplatz) zum zweiten Mal, unwiderruflich und endgültig begraben.

HIN & WEG: VERSCHWUNDENE WIRTSCHAFTEN

Draußen vor der Wirtschaft haben sich die Zecher aus der Gaststube noch einmal zusammengefunden und stimmen ein Nachtlied an, zum Glück nicht grölend, sondern mit der angemessenen Traurigkeit des stillen Zechers dargeboten:

> O du lieber Augustin, Augustin, Augustin,
> O du lieber Augustin, alles ist hin.
> Geld ist weg, 's Madl ist weg,
> Alles hin, Augustin.
> O du lieber Augustin,
> Alles ist hin.
> Rock ist weg, Stock ist weg,
> Augustin liegt im Dreck,
> O du lieber Augustin,
> Alles ist hin.
> Jeder Tag war ein Fest,
> Und was jetzt? Pest, die Pest!
> Nur ein groß Leichenfest,
> Das ist der Rest.
> Augustin, Augustin,
> Leg nur ins Grab dich hin!
> O du lieber Augustin,
> Alles ist hin!

Die Zecherschar entfernt sich. Der Gesang wird leiser, alles wird ruhig, man hört von Ferne den Fluss rauschen, kein Trinkerlärm stört die Ruhe. Obwohl auch ich von einer zunehmenden Müdigkeit ergriffen werde, interessiert mich noch ein Anliegen:

»Es war ein sehr angenehmer Abend. Die Zeit ist schnell vergangen. Ich hab ein neues Wirtshaus entdeckt, hab mich am Ofen aufwärmen dürfen. Ihr zwei seid ein liebes, aber auch – verzeiht mir – ungewöhnliches Paar. Ich will nicht aufdringlich sein, aber wo kommt ihr her?«

»Kleine Leute müssen sehr vorsichtig sein, wenn sich große Leute für sie interessieren!« Detta lacht.

»Aber wo kommen wir her. Die schönste kleine Frau ...«

»... und der liebste kleine Mann.«

DIE SCHÖNE DETTA

n der Altstadt in Temeswar in Rumänien lebten in früheren Zeiten zwei Feenschwestern, Mazura und Detta. Die Erste war hässlich, geizig und streitsüchtig, die Zweite hingegen war bildschön und freundlich. Beide gerieten ständig in Streit, denn Mazura wollte alleine in dieser Stadt herrschen, schalten und walten und drohte, die schöne Detta zu vernichten. Weil die gutherzige Detta aber nicht in Feindschaft leben wollte, beschloss sie, die Stadt zu verlassen. Eines Tages stand sie schon zeitig auf und schlich heimlich fort, auf Nimmerwiedersehen, wohin wusste sie selbst nicht. Sie ging durch Wälder und Felder, immer dem Westen zu. Und als am Abend die Sonne feuerrot am Himmel stand, hielt sie an. Unweit hörte sie ein Wasser rauschen, sie ging näher und fand eine klare Quelle, die einen kräftigen Bach nährte.

»Hier werde ich bleiben«, sagte sie, »hier habe ich meinen Frieden gefunden«. Sie hob beide Hände hoch, murmelte einen Zauberspruch und gleich darauf stand am Ufer dieses Flüsschens ein gemütliches Haus. Da sich Detta aber trotz der schönen Landschaft einsam fühlte und mit Menschen verkehren wollte, sagte sie am nächsten Tag einen zweiten Spruch: Kaum war das Zauberwort gesprochen, erhob sich neben ihrem Haus ein stattliches Wirtshaus mit einladenden Fenstern, einer geschnitzten Tür, einem gemütlichen Schankraum, einem kühlen Keller und ein paar

Zimmern mit frischbezogenen Betten. Damit aber auch Leute hier vorbeikommen sollten, sagte sie nun einen dritten Spruch und aus dem Nichts entstand eine Landstraße, die direkt am Wirtshaus vorbeiführte.

Nun war Detta glücklich, denn hier lebte sie in Frieden und hatte genug zu tun. Sie war auch nicht mehr einsam, denn bei dieser bildschönen und guten Wirtin kehrten immer Leute ein, die des Weges kamen. Ein Jahr später machte ein Zug Auswanderer, die von der oberen Donau herkamen, vor ihrem Wirtshaus halt. Sie kamen aus Bayern und Schwaben und suchten einen guten Platz, um sich niederzulassen. Als Detta davon hörte, sagte sie zu ihnen: »Bleibt doch hier! Hier ist Wald und Feld und Wasser und alles, was ihr braucht.« Und wirklich, den Auswanderern gefiel es hier und sie siedelten sich an.

Nach kurzer Zeit verliebte sich der schönste und wackerste Bursch, der aus dem bayrischen Oberland kam, in die schöne Fee und Wirtin Detta. Als er ihr die Heirat vorschlug, sagte sie: »Gregor, ich liebe dich auch von ganzem Herzen, aber trotzdem kann ich dich nur dann heiraten, wenn du mir versprichst, dass du nie mit mir zusammen auf die Gasse gehen wirst und mich dort oder bei fremden Leuten nie berührst. Wenn du das nicht einhältst, geschieht ein großes Unglück.«

Der Bursch war einverstanden und sie heirateten. Er ließ die Donau herunter auf dem Floß einen Sudkessel liefern, richtete einen Därrboden ein und begann mit dem klaren Quellwasser ein schmackhaftes Bier zu brauen. Der Trank mundete und von überall her kamen die Gäste, um sich das frische Getränk schmecken zu lassen. Das Wirtshaus blühte auf und jeder, der einmal gekommen war, kehrte wieder dort ein.

Als zehn Jahre verstrichen waren und ihre zwei Kinder auch schon herangewachsen waren, wurde das Paar auf eine Hochzeit geladen. Gregor wollte diesmal zusammen mit seiner Frau auf die Gasse gehen, aber sie wehrte ab: »Ich gehe vor und dort kommen wir zusammen«, sagte sie zu ihm. Er schämte sich schon, denn in den zehn Jahren war er noch nie mit ihr ausgegangen. Die Leute im Dorf raunten, dass sie sich überhaupt nicht lieb hätten. Er wollte dieser Rederei nun ein Ende machen und zeigen, dass er wirklich zu ihr stand und sie nicht wegen ihres Vermögens geheiratet hatte. Er wusste aber nicht, dass seine Frau eine Fee war. Er glaubte, dass das Unglück, von dem sie sprach, bloß Einbildung sei und er nahm sich vor, sein Versprechen heute zu brechen. »Was kann geschehen, wenn ich mit ihr gehe?« Bei diesem Wort trat er aus dem Haus und eilte seiner schönen Frau nach. Als er schon ganz dicht bei ihr war, legte er seinen Arm auf ihre Schulter, beugte sich vor und lachte sie an.

Detta erschrak, wurde ganz weiß im Gesicht und sagte mit traurigem Blick: »Gori, warum hast du das getan? Jetzt ist alles verloren ...« Kaum hatte sie das letzte Wort ausgesprochen, da blitzte es hell auf und die schöne gute Detta, das prächtige Haus und das Wirtshaus wie auch der stolze Brauer Gregor verschwanden für immer.

»Das war die Geschichte von der schönen Detta!« Das Grandlmandl nimmt seine Partnerin zärtlich in den Arm.

»Und vom Brauer Gori«, ergänzt das Grandlweibl mit ihrer tiefen, gutturalen Stimme, drückt ihm einen Kuss auf die Wange, worauf die beiden kichernd ins warme Grandlwasser eintauchen.

Ich sinne über die Geschichte nach, das Feuer im Herd glüht noch behaglich und vergeht langsam in langen Wellen tiefer Wärme. Ein heimeliges Wohlsein breitet sich in meinem Inneren aus, sanfte Müdigkeit nimmt von mir Besitz, die Augen werden schwer und ich muss wohl eingeschlafen sein.

Als ich erwache, sitze ich auf einem Baumstumpf über einer Kiesbank. Der Nachthimmel hat etwas aufgerissen, Wolken ziehen wie Schaumfetzen an ihm vorüber, die Isarauen sind von

Schnee bestäubt und reflektieren das semmelblonde Mondlicht. Es muss nach Mitternacht sein. Wie zur Bestätigung klingen von Ferne vier helle und ein dunkler Glockenschlag.

Der ungeduldige Fluss zieht kraftvoll vorbei, auf dem Boden schieben sich die Karwendelfelsen als rundgemahlener Kies voran. Von einem Wirtshaus ist nichts mehr zu sehen, keine Spur, kein Abdruck von irgendwelchen Fundamenten, gar nichts. Der Hund ist fort, unterwegs, irgendetwas hat seine Aufmerksamkeit erregt. Ich höre ihn durch die Uferweiden rennen. Laut rufe ich: »Hierher!«

Er ist auch gleich da, in seinem Maul trägt er einen ausgemergelten Schwemmholzast. An dem hängt ein zerrissener, blaugrau gewebter Rest eines Küchenhandtuchs. Erwartungsvoll legt er das Holzstück vor meine Füße. Vermutlich ist das Tuch beim letzten Hochwasser an diesem Hindernis hängengeblieben, zerrissen, fadenscheinig, von der Sommersonne ausgeblichen, wahrscheinlich zufällig oder irgendwie.

Quellen

Alpenburg, Johann Nepomuk Ritter von (Hg.): Deutsche Alpensagen. Wien 1861.
Beitl, Richard: Im Sagenwald. Neue Sagen aus Vorarlberg. Feldkirch 1953.
Bunsen, Kristin / Kapfhammer, Günther: Altmünchner Stadtsagen. München 1974.
Depiny, Albert (Hg.): Oberösterreichisches Sagenbuch. Linz 1932.
Falkner, Christian: Sagen aus dem Ötztal, in: Klebelsberg, R. (Hg.): Ötztaler Buch. Innsbruck 1963.
Gugitz, Gustav (Hg.): Die Sagen und Legenden der Stadt Wien. Wien 1952.
Heyl, Johann Adolf: Volkssagen, Bräuche und Meinungen aus Tirol. Brixen 1897.
Peuckert, Will-Erich: Ostalpensagen. Berlin 1963, Nr. 206, S. 112.
Schmidt, Willibald: Sagen aus dem Isarwinkel. Bad Tölz 1936.
Waltinger, Michael: Niederbayerische Sagen. Regenstauf 2017.
Watzlik, Hans: Böhmerwald-Sagen, in: Kubitschek, Rudolf / Schmidt, Valentin (Hg.): Böhmerwalder Dorfbücher, 5. Heft. Budweis 1921.
Zingerle, Ignaz Vinzenz: Sagen, Märchen und Gebräuche aus Tirol. Innsbruck 1859.

Internet:
https://zum-alten-brauhaus.info/
www.sagen.at/texte/sagen/oesterreich/steiermark/Hinterbergertal/sagen_hinterbergertal.html

Merci

an den Wolfgang, Berater und Stammtischkurator am Schweizer Hof.

Weitere Bücher in der Reihe

Karl-Heinz Hummel:
Wassersagen aus Bayern

Der Erzähler staunt nicht schlecht, als er eines Nachts eine nackte Schönheit im Tegernsee schwimmen sieht. Zwischen den Pflanzen des Ufers versteckt, beobachtet er ganz verzaubert die mysteriöse Wasserfrau – doch etwas scheint nicht zu stimmen ...

Eine Reise in die Welt der Sagen und Legenden rund um die bayerischen Gewässer, in deren Tiefen und Untiefen sich recht Erstaunliches tummelt: scheußliche Seewürmer, gefährliche Riesenwaller, verspielte Wassernixen und hinterfotzige Wetterhexen, menschenhungrige Inseldrachen, adelige Unholde und versunkene Armeen. Unglaublich, was aus Starnberger und Waginger See emportaucht, aber auch aus den Fluten von Ammer-, König-, Walchen-, Staffel-, Chiem- und Alatsee,

144 S., Paperback, ISBN 978-3-96233-137-5

Karl-Heinz Hummel:
Raunachtssagen aus Bayern und Tirol

Die dunklen und geheimnisvollen Raunächte haben seit jeher den Glauben an Übernatürliches und Gespenster beflügelt. Grausig-gruselige Gestalten sind es, die in diesen besonderen Nächten in der Zeit um den Jahreswechsel erscheinen: der Boandlkramer, der Teufel und der Herrgott persönlich, sprechende Tiere, kauzige Bergkobolde, Krampusse und wahrhaftige Salige Frauen. Die alpenländischen Geschichten und Mythen lassen erschaudern, doch es fehlt auch nicht am augenzwinkernden Humor und einem Blick aus heutiger Sicht auf archaische Bräuche und Rituale.

136 S., Paperback, ISBN 978-3-96233-136-8